Werner Ehlen

Meine Perlen der Bibel

Anregungen, Impulse und Wissenswertes

Impressum

Copyright © 2020 Werner Ehlen
Titelbild © Werner Ehlen
Herstellung und Verlag:
BoD – Books on Demand, Norderstedt
ISBN 978 3 75267 153 7

*Bibliografische Information der Deutschen Nationalbibliothek:
Die Deutsche Nationalbibliothek verzeichnet diese Publikation in
der Deutschen Nationalbibliografie; detaillierte bibliografische
Daten sind im Internet über dnb.dnb.de abrufbar.*

Inhalt

Vorwort 1

1. Grundsätzliches zum Verstehen der Bibel 2

2. Ist Gott ein strafender, Vergeltung fordernder Gott? 8

 Gleichnis vom barmherzigen Vater (Lukas 15) 11

 Antworten auf diesen Einwand 14

3. Wie sich Gott zeigt – Gottesbilder 18

4. Der Auszug aus Ägypten – ein immerwährendes Ereignis 23

Zusammenfassung der Exoduserzählung 23

Historische Hintergründe 25

Biblisch-Theologische Aussagen der Exoduserzählung 27

5. Die 10 Gebote (Deuteronomium 5, Exodus 20) 35

 Gesetzesvorschriften oder Lebensweisungen? 38

 Die zehn Erlaubnisse 40

6. Kann man mit Gott handeln? (Genesis 18,1-33) 43

 Der Besuch der drei Männer bei Abraham 47

 Der Handel Abrahams mit Gott 48

7. Kurze Hinweise auf weitere Perlen der Bibel 50

Verzeichnis der Bibelstellen 55

Anmerkungen 56

Vorwort

Dieses Buch ist der Extrakt einer Reihe von Angeboten der Erwachsenenbildung. Die Idee dafür kam mir während mehrerer Gottesdienste, in denen ich die vorgestellten Bibelstellen hörte (die meisten gehören laut katholischer Leseordnung in Werktagsgottesdienste – ohne Predigt) und fand, man könne sie nicht einfach so unkommentiert im Raum stehen lassen. Sie sind entweder zu kompliziert dazu, oder zu wertvoll. Und so entstand zuerst die Idee zu einer Vortragsreihe und daraus die für dieses Buch.

1. Grundsätzliches zum Verstehen der Bibel

Dass die Bibel nicht wörtlich zu verstehen sein kann, sollte eigentlich selbst ein oberflächlicher Blick schon zeigen.

Einige Beispiele dafür:

-   Im Buch Genesis finden sich nacheinander zwei Schöpfungs"berichte", die nicht miteinander vereinbar sind. Dies ist auch nicht dadurch zu erklären, dass die Verfasser der Bibel in der damaligen Zeit nicht über unsere wissenschaftlichen Erkenntnisse verfügten, sondern zeigt einfach, dass es sich eben nicht um „Berichte", sondern um Geschichten, Erzählungen handelt, die uns etwas anderes als wissenschaftliche Fakten, **wie** die Welt entstanden ist, vermitteln möchten.

    Die erste Schöpfungserzählung ist sogar ein Lied – ein Lied mit sieben Strophen, die die sieben Tage der Woche begründen und so vor allem auch die Sabbatruhe.

-   Ebenfalls im Buch Genesis steht die bekannte Geschichte, wie Kain seinen Bruder Abel erschlägt. Eigentlich sollte an dieser Stelle die Menschheitsgeschichte zu Ende sein (bzw. schon vorher, denn wie soll sich die Menschheit entwickeln, wenn Eva nur zwei männliche Kinder zur Welt bringt). Statt dessen lesen wir ganz lapidar: „So zog Kain fort, weg vom HERRN und ließ sich im Land Nod nieder, östlich von Eden. Kain erkannte seine Frau; sie wurde schwanger und gebar Henoch."[1] Woher kommt diese Frau, wenn Adam und Eva doch die ersten Menschen waren? Auch hier zeigt sich, dass es nicht um einen Bericht über die Entstehung des Menschen geht, sondern um anderes und mehr!

- In Genesis 5 begegnen wir erstaunlichen Altersangaben – so wird laut Bibel Adam 930 Jahre alt, Set 912 Jahre, Enosch 905 Jahre, Kenan 910 Jahre, Mahalalel 895 Jahre und Metuschelach (Methusalem) erreicht das Spitzenalter von 969 Jahren. Auch hier dürfte klar sein, dass es sich nicht um wörtlich-mathematische Aussagen handelt, auch nicht darum, dass man mit kürzeren Jahren rechnete, sondern paradiesische Zustände des Anfangs gezeigt werden sollen. Interessant ist, wie begründet wird, dass die Menschen späterer Zeiten nicht mehr so alt werden. Dies lesen wir im folgenden Kapitel: „Als sich die Menschen auf

Erden zu vermehren begannen und ihnen Töchter gebo-ren wurden, sahen die Gottessöhne, wie schön die Men-schentöchter waren, und sie nahmen sich von ihnen allen Frauen, die sie auswählten. Da sprach der HERR: Mein Geist soll nicht für immer im Menschen bleiben, weil er eben Fleisch ist; daher soll seine Lebenszeit hundertzwan-zig Jahre betragen."[2] Auch dies für jemanden, der die Bi-bel wörtlich nimmt, wohl schwer zu verdauen, wie selbst-verständlich hier von Gottessöhnen gesprochen wird, die sich mit Menschentöchtern einlassen.

- Jeder einigermaßen „Bibelkundige" „weiß", dass die El-tern Jesu aus Nazaret stammten und Jesus nur wegen der angeordneten Volkszählung in Betlehem zur Welt kam. Schade nur, dass dies nirgends in der Bibel steht, sondern sogar laut Bibel verneint wird: „Als Herodes gestorben war, siehe, da erschien dem Josef in Ägypten ein Engel des Herrn im Traum und sagte: Steh auf, nimm das Kind und seine Mutter und zieh in das Land Israel; denn die Leute, die dem Kind nach dem Leben getrachtet haben, sind tot. Da stand er auf und zog mit dem Kind und des-sen Mutter in das Land Israel. Als er aber hörte, dass in

Judäa Archelaus anstelle seines Vaters Herodes regierte, fürchtete er sich, dorthin zu gehen. Und weil er im Traum einen Befehl erhalten hatte, zog er in das Gebiet von Galiläa und ließ sich in einer Stadt namens Nazaret nieder. Denn es sollte sich erfüllen, was durch die Propheten gesagt worden ist: Er wird Nazoräer genannt werden."[3] Josef und Maria stammten also ursprünglich laut Bibel aus einem Ort in Judäa, nicht aus Nazaret in Galiläa.

- Ein letztes Beispiel, dass es in der Bibel nicht um die oberflächlich geschilderten „Tatsachen" geht: Im Johannes-Evangelium lesen wir von einer Begegnung Jesu mit den Jüngern nach seiner Auferstehung. Jesus befiehlt ihnen nach einer erfolglosen Nacht des Fischfangs, das Netz auf der rechten Seite des Bootes auszuwerfen: „Da stieg Simon Petrus ans Ufer und zog das Netz an Land. Es war mit hundertdreiundfünfzig großen Fischen gefüllt, und obwohl es so viele waren, zerriss das Netz nicht."[4] Ist es wirklich vorstellbar, dass die Jünger, als sie anhand dieses Ereignisses erkennen, dass der auferstandene Jesus bei ihnen ist, nichts anderes zu tun haben, als die Fische, die sie gefangen haben, zu zählen? Etwas abstruseres kann man sich wohl fast nicht vorstellen. Wie kommt es aber dann zu dieser ja auch scheinbar völlig unerheblichen Zahl 153? Die Zahl 153 erhält man, wenn man alle Zahlen von 1 bis 17 addiert. In der jüdischen Zahlensymbolik ist 153 also die 17 in ihrer Vollendung. Die 17 entspricht im Hebräischen, das keine Ziffern kennt, bzw. keine Unterscheidung zwischen Ziffern und Buchstaben, dem Wort „gut". Die 153 bedeutet so, dass das „gute Wirken" Jesu hier am See von Tiberias seine Vollendung und sein Ende findet; es ist die letzte Erscheinung Jesu im Johannesevangelium.

Wenn wir auf der Oberfläche der Bibel bleiben, ist vieles unverständlich oder auch unwichtig. Dringen wir aber tiefer in die Aussageabsichten der Bibel ein, geben uns nicht vorschnell zufrieden mit einfachen Erklärungen (Gott bzw. Jesus können halt Wunder wirken), begegnen wir einem Reichtum der Bibel, der zumindest mich immer wieder fasziniert. Ich hoffe, ich kann Ihnen im Folgenden ein wenig von dieser Faszination vermitteln, Sie anregen, dieses tolle Buch hin und wieder zur Hand zu nehmen und nachzuforschen, wenn Ihnen etwas rätselhaft erscheint – die Bibel ist es auf jeden Fall wert!

Speziell zum Zusammenhang von „Realität und Wirklichkeit", von „Geschichte und Geschichten" finden Sie einiges im 4. Kapitel dieses Buches zum Auszug aus Ägypten.

Beginnen möchte ich aber mit der grundlegenden Frage, was das für ein Gott ist, der uns in der Bibel begegnet.

2. Ist Gott ein strafender, Vergeltung fordernder Gott?

„Der HERR ging vor Mose Angesicht vorüber und rief: Der HERR ist der HERR, ein barmherziger und gnädiger Gott, langmütig und reich an Huld und Treue: Er bewahrt tausend Generationen Huld, nimmt Schuld, Frevel und Sünde weg, aber er spricht nicht einfach frei, er sucht die Schuld der Väter bei den Söhnen und Enkeln heim, bis zur dritten und vierten Generation."[5]

Diese beiden Verse sind eingebettet in die Entstehungsgeschichte der 10 Gebote. Und obwohl in Vers 6 eindeutig gesagt wird, dass Gott ein barmherziger und gnädiger Gott ist, schlägt Ihnen vermutlich Vers 7 auf den Magen: „er sucht die Schuld der Väter bei den Söhnen und Enkeln heim, bis zur dritten und vierten Generation".

Dies passt weder zu unserem (gewünschten) Gottesbild, noch zu unserem Verständnis zum Umgang mit Schuld.

Es lohnt sich also, genauer hinzusehen.

In einer ersten Annäherung an den Text können wir zuerst einmal ruhig feststellen, dass die Aussage von Vers 7 oft der alltäglichen Realität entspricht: Kinder von sozial schwachen Familien haben es schwerer, schulisch und beruflich voran zu kommen als Kinder von gutsituierten Eltern. Der „Start ins Leben" ist für viele Kinder (und Enkel) durch die Lebensumstände der Eltern (ob „selbst verschuldet" oder nicht, ist dabei belanglos) erschwert.

Gerecht ist dies jedenfalls nicht. Und es widerspricht unserem Gerechtigkeitsempfinden, dass Kinder und Kindeskinder für die Fehler ihrer Eltern büßen müssen. Umso unverständlicher, wenn Gott selbst dies so handhabt!

Aber schauen wir den Text noch einmal genauer an. Wir lesen schnell hinweg über die 1000 Generationen, denen Gott die Huld bewahrt, deren Schuld, Frevel und Sünde er wegnimmt. 1000 Generationen, das sind 30.000 Jahre. Und 30.000 Jahre, das ist praktisch die ganze Menschheitsgeschichte, das heißt nichts anderes als „für immer und ewig". Das, so sollten wir uns bewusst machen, ist also die eine Seite der Waagschale: Das Gute hat vor Gott für immer Bestand. Im Vergleich dazu sind die 100 Jahre, die wir für die dritte und vierte Generation ansetzen müssen, fast zu vernachlässigen. Aber eben auch nur fast. Entscheidend ist, dass diese Seite der Waagschale ein Ende hat. Die Schuld dauert nicht „für immer und ewig" an, sondern endet.

Wesentlicher ist aber in einem zweiten Aspekt, dass die Bibel natürlich nicht „von Gott geschrieben vom Himmel gefallen ist", sondern die Erfahrungen, die die Menschen im Lauf der Zeit mit ihrem Gott gemacht haben, eine Entwicklung erfahren haben.

Endpunkt dieser Entwicklung ist das Gottesbild Jesu. Und dieses Gottesbild Jesu haben wir in zahlreichen Gleichnissen und Handlungen überliefert, von denen ich drei anführen möchte, die die Frage nach dem strafenden Gott eindeutig beantworten.

Zuvor möchte ich aber noch auf eine andere Bibelstelle eingehen, die auch oft als Hinweis auf einen Gott gelesen wird, der Vergeltung fordert, sanktioniert:

„Auge für Auge, Zahn für Zahn, Hand für Hand, Fuß für Fuß, Brandmal für Brandmal, Wunde für Wunde, Strieme für Strieme."[6]

Unzählige Male wurde und wird diese Bibelstelle als Beleg dafür verwendet und missbraucht, dass zumindest der Gott des Alten Testamentes ein rachsüchtiger, Vergeltung fordernder Gott ist. Dabei ist genau das Gegenteil der Fall. Liest man an dieser Stelle einfach weiter, wird sofort klar, dass mit dieser Bibelstelle das Prinzip der „Blutrache", der ausufernden Vergeltung durchbrochen werden soll:

„Wenn einer seinem Sklaven oder seiner Sklavin ein Auge ausschlägt, soll er ihn für das ausgeschlagene Auge freilassen. Wenn er seinem Sklaven oder seiner Sklavin einen Zahn ausschlägt, soll er ihn für den ausgeschlagenen Zahn freilassen."[7]

Es geht also gerade nicht darum, wie oft missverständlich angenommen, dass dem Verursacher das Selbe angetan wird, sondern es geht um Schadenersatz, um die Begrenzung der Vergeltung!

Nun aber wie angekündigt zum Gottesbild Jesu, das er in vielen Gleichnissen erzählt, meines Erachtens am unüberbietbarsten im

Gleichnis vom barmherzigen Vater - Lukas 15

„Weiter sagte Jesus: Ein Mann hatte zwei Söhne. Der jüngere von ihnen sagte zu seinem Vater: Vater, gib mir das Erbteil, das mir zusteht! Da teilte der Vater das Vermögen unter sie auf. Nach wenigen Tagen packte der jüngere Sohn alles zusammen und zog in ein fernes Land. Dort führte er ein zügelloses Leben und verschleuderte sein Vermögen. Als er alles durchgebracht hatte, kam eine große Hungersnot über jenes Land und er begann Not zu leiden. Da ging er zu einem Bürger des Landes und drängte sich ihm auf; der schickte ihn aufs Feld zum Schweinehüten. Er hätte gern seinen Hunger mit den Futterschoten gestillt, die die Schweine fraßen; aber niemand gab ihm davon. Da ging er in sich und sagte: Wie viele Tagelöhner meines Vaters haben Brot im Überfluss, ich aber komme hier vor Hunger um. Ich will aufbrechen und zu meinem Vater gehen und zu ihm sagen: Vater, ich habe mich gegen den Himmel und gegen dich versündigt. Ich bin nicht mehr wert, dein Sohn zu sein; mach mich zu einem deiner Tagelöhner! Dann brach er auf und ging zu seinem Vater. Der Vater sah ihn schon von Weitem kommen und er hatte Mitleid mit ihm. Er lief dem Sohn entgegen, fiel ihm um den Hals und küsste ihn. Da sagte der Sohn zu ihm: Vater, ich habe mich gegen den Himmel und gegen dich versündigt; ich bin nicht mehr wert, dein Sohn zu sein. Der Vater aber sagte zu seinen Knechten: Holt schnell das beste Gewand und zieht es ihm an, steckt einen Ring an seine Hand und gebt ihm Sandalen an die Füße! Bringt das Mastkalb her und schlachtet es; wir wollen essen und fröhlich sein. Denn dieser, mein Sohn, war tot und lebt wieder; er war verloren und ist wiedergefunden worden. Und sie begannen, ein Fest zu feiern. Sein älterer Sohn aber war auf dem Feld. Als er heimging und in die Nähe des Hauses kam, hörte er Musik und

Tanz. Da rief er einen der Knechte und fragte, was das bedeuten solle. Der Knecht antwortete ihm: Dein Bruder ist gekommen und dein Vater hat das Mastkalb schlachten lassen, weil er ihn gesund wiederbekommen hat. Da wurde er zornig und wollte nicht hineingehen. Sein Vater aber kam heraus und redete ihm gut zu. Doch er erwiderte seinem Vater: Siehe, so viele Jahre schon diene ich dir und nie habe ich dein Gebot übertreten; mir aber hast du nie einen Ziegenbock geschenkt, damit ich mit meinen Freunden ein Fest feiern konnte. Kaum aber ist der hier gekommen, dein Sohn, der dein Vermögen mit Dirnen durchgebracht hat, da hast du für ihn das Mastkalb geschlachtet. Der Vater antwortete ihm: Mein Kind, du bist immer bei mir und alles, was mein ist, ist auch dein. Aber man muss doch ein Fest feiern und sich freuen; denn dieser, dein Bruder, war tot und lebt wieder; er war verloren und ist wiedergefunden worden." [8]

Das ist das Gottesbild Jesu, das ist das Gottesbild, an dem wir unseren Glauben, unser Christ-sein ausrichten sollten. Ein Gott, der eben nicht straft, der den „verlorenen Sohn" liebend wieder aufnimmt, sogar ein Fest für ihn ausrichtet. Und der auch um den älteren Sohn in seinem durchaus verständlichem Ärger wirbt, auch ihm nachgeht.

Einziger möglicher Einwand: Nur, weil der jüngere Sohn seinen Fehler einsieht, umkehrt und um Verzeihung bittet, wird er wieder aufgenommen vom Vater!

Antworten auf diesen Einwand

„Wenn einer von euch hundert Schafe hat und eins davon verliert, lässt er dann nicht die neunundneunzig in der Wüste zurück und geht dem verlorenen nach, bis er es findet? Und wenn er es gefunden hat, nimmt er es voll Freude auf die Schultern, und wenn er nach Hause kommt, ruft er die Freunde und Nachbarn zusammen und sagt zu ihnen: Freut euch mit mir, denn ich habe mein Schaf wiedergefunden, das verloren war!"[9]

In diesem Gleichnis steht nicht das Schaf, das umkehrt, im Mittelpunkt, sondern ganz eindeutig der Hirte (Gott), der dem verlorenen Schaf nachgeht, bis er es findet, dafür die 99 anderen Schafe allein lässt und seine Freude über das wiedergefundene Schaf sogar mit seinen Freunden und Nachbarn teilen muss.

Einen weiteren wichtigen und interessanten Aspekt zu unserem Thema finden wir im 9. Kapitel des Johannes-Evangeliums. In der damaligen Welt (und leider oft auch noch heute) war die Ansicht weit verbreitet, dass Krankheit, Behinderung und Leid die Folge von Sünde und Schuld und damit Strafe Gottes sind.

„Unterwegs sah Jesus einen Mann, der seit seiner Geburt blind war. Da fragten ihn seine Jünger: Rabbi, wer hat gesündigt? Er selbst oder seine Eltern, sodass er blind geboren wurde? Jesus antwortete: Weder er noch seine Eltern haben gesündigt, sondern die Werke Gottes sollen an ihm offenbar werden."[10]

Die Antwort Jesu ist natürlich theologisch schwierig; jahrelange Blindheit, damit Jesus ein Heilungswunder vollbringen kann? Der entscheidende Punkt für unser Thema ist aber, dass Jesus klar die Vorstellung verneint, die Blindheit sei Folge einer Sünde. So dürfen wir aus der Botschaft Jesu heraus sicher darauf vertrauen, dass unser Gott ein liebender, ein verzeihender Gott ist, der uns am Ende keine Abrechnung präsentiert, sondern uns daran erinnert, dass alles Geschenk ist.

Eine Überzeugung, die sehr schön auch in folgendem Gedicht zum Ausdruck kommt:

Am Ende die Rechnung

Einmal wird uns gewiss
die Rechnung präsentiert:

für den Sonnenschein
und das Rauschen der Blätter,

die sanften Maiglöckchen
und die dunklen Tannen,

für den Schnee und den Wind,
den Vogelgesang, das Gras
und die Schmetterlinge,

für die Luft, die wir geatmet haben,
und den Blick auf die Sterne,
und für all die Tage,
die Abende und die Nächte.

Einmal wird es Zeit,
dass wir aufbrechen und bezahlen:

Bitte, die Rechnung!

Doch wir haben sie ohne den Wirt gemacht:

Ich habe euch eingeladen, sagt der und lacht,
soweit die Erde reicht:

Es war mir ein Vergnügen!

(Lothar Zenetti, aus: Sieben Farben hat das Licht, 1975, Rechte nicht mehr zu klären)

Eine ähnliche Antwort, wie Jesus sie gibt, finden wir aber bereits im Alten Testament zum Thema Gott und Strafe, Gott und seine Schöpfung:

„Du hast mit allen Erbarmen, weil du alles vermagst, und siehst über die Sünden der Menschen hinweg, damit sie umkehren. Du liebst alles, was ist, und verabscheust nichts von dem, was du gemacht hast; denn hättest du etwas gehasst, so hättest du es nicht geschaffen. Wie könnte etwas ohne deinen Willen Bestand haben oder wie könnte etwas erhalten bleiben, das nicht von dir ins Dasein gerufen wäre? Du schonst alles, weil es dein Eigentum ist, Herr, du Freund des Lebens."[11]

Diese zwei Verse aus dem Buch der Weisheit sind ganz klar eine „Perle der Bibel": Gott ist ein Freund des Lebens, der alles schont, mit allen Erbarmen hat, weil er es ja geschaffen hat und nichts verabscheut!

Damit sind wir natürlich schon voll im 2. Kapitel, im Gottesbild-Kapitel angelangt; das 1. und 2. Kapitel dieses Buches hängen eigentlich untrennbar zusammen, sind fast eins.

3. Wie sich Gott zeigt – Gottesbild

Natürlich gibt es unzählige Stellen in der Bibel, in denen sich Gott zeigt, in jeweils unterschiedlicher „Gestalt". Ich erinnere nur an die Wolken- und Feuersäule beim Auszug aus Ägypten oder die Taube bei der Taufe Jesu.

So sind die beiden Stellen, die ich für dieses Kapitel ausgewählt habe, eine sehr persönliche Auswahl. Die erste Bibelstelle fasziniert mich seit vielen Jahren, die Zweite sagt für mich etwas grundsätzlich-Wesentliches über unsere Möglichkeiten der „Gotteserkenntnis" aus.

Die erste Bibelstelle aus dem 1. Buch der Könige erzählt uns vom Propheten Elija. Er lebt in der Zeit des Königs Ahab, der schwach im Glauben ist und Isebel heiratet, die Tochter des Königs der Sidonier, die Anhänger des Baal-Gottes sind. Ahab selbst dient diesem Gott, wirft sich vor ihm nieder. Elija hat für den Glauben an den Gott Israels gekämpft, hat im Kampf gegen 400 Baalspriester gewonnen und muss nun gerade deshalb um sein Leben fürchten, weil Isebel ihn dafür umbringen lassen will.

Er ist verzweifelt und auch enttäuscht, möchte sogar sterben. Aber Gott holt ihn aus seiner Verzweiflung, stärkt ihn und führt ihn auf den Gottesberg Horeb. Dort nun zeigt er sich ihm:

„Doch das Wort des HERRN erging an ihn: Was willst du hier, Elija? Er sagte: Mit leidenschaftlichem Eifer bin ich für den HERRN, den Gott der Heerscharen, eingetreten, weil die Israeliten deinen Bund verlassen, deine Altäre zerstört und deine Propheten mit dem Schwert getötet haben. Ich allein bin übrig geblieben und nun trachten sie auch mir nach dem Leben. Der HERR antwortete: Komm heraus und stell dich auf den Berg vor den HERRN! Da zog der HERR vorüber: Ein starker, heftiger Sturm, der die Berge zerriss und die Felsen zerbrach, ging dem HERRN voraus. Doch der HERR war nicht im Sturm. Nach dem Sturm kam ein Erdbeben. Doch der HERR war nicht im Erdbeben. Nach dem Beben kam ein Feuer. Doch der HERR war nicht im Feuer. Nach dem Feuer kam ein sanftes, leises Säuseln. Als Elija es hörte, hüllte er sein Gesicht in den Mantel, trat hinaus und stellte sich an den Eingang der Höhle."[12]

Wir begegnen in dieser Bibelstelle vielen machtvollen Naturereignissen, die an anderen Stellen auch schon als Zeichen für die Gegenwart Gottes standen (Sturm, Erdbeben, Feuer – vgl. die

Wolken- und Feuersäule, den Sturm, der das Meer teilt beim Auszug aus Ägypten).

Aber all dies geht Gott nur voraus, Gott ist nicht in diesen Naturereignissen zu finden. Gott ist zu finden in einem „sanften, leisen Säuseln".

Martin Buber übersetzt dies als „Eine Stimme verschwebenden Schweigens", die Elberfelder Bibel als „Ton eines leisen Wehens", die Neue evangelistische Übersetzung „Ton eines dahinschwebenden Schweigens".

Es ist ein unglaublich zarter Gott, der uns hier begegnet, ein Gott, der nur erfahrbar ist, wenn man genau hinhört, Augen und Ohren offenhält.

So ist diese Bibelstelle für mich auch die Antwort auf die Frage, warum Gott so wenig sichtbar ist in dieser Welt. Vielleicht ist unsere Welt, sind wir einfach nur zu laut, zu hastig, zu sehr auf das Äussere bedacht, um ihn zu „sehen", zu „hören" und zu erfahren. Natürlich ist der Wunsch, dass Gott sich machtvoll erweist, dass er unübersehbar wirkt, verständlich. Aber dieser Wunsch erfüllt sich nicht. Unser Gott, der Gott Jesu ist ein Gott der leisen Töne, ein Gott, der in der Stille gesucht werden möchte und sich auch finden lässt.

Die zweite Bibelstelle, die uns ganz Wesentliches über die Möglichkeit der Gotteserkenntnis sagt, finden wir im Buch Exodus im 33. Kapitel:

„Dann sagte er (Mose): Lass mich doch deine Herrlichkeit schauen! Da sagte er: Ich will meine ganze Güte vor dir vorüberziehen lassen und den Namen des HERRN vor dir ausrufen. Ich bin gnädig, wem ich gnädig bin, und ich bin barmherzig, wem ich barmherzig bin. Weiter sprach er: Du kannst mein Angesicht nicht schauen; denn kein Mensch kann mich schauen und am Leben bleiben. Dann sprach der HERR: Siehe, da ist ein Ort bei mir, stell dich da auf den Felsen! Wenn meine Herrlichkeit vorüberzieht, stelle ich dich in den Felsspalt und halte meine Hand über dich, bis ich vorüber bin. Dann ziehe ich meine Hand zurück und du wirst meinen Rücken sehen. Mein Angesicht kann niemand schauen."[13]

Dies ist für mich eine der ganz zentralen Stellen unserer Möglichkeiten der Gotteserkenntnis: Kein Mensch kann Gott schauen (=definieren, vor einer Gotteserfahrung Aussagen über ihn machen, Theologie oder Dogmatik betreiben) und „am Leben bleiben" (in Gott bleiben?). Nur im Nachhinein unseres Lebens, im Rückblick, können wir erkennen: Da war Gott, das war Gottes Wirken in meinem Leben. Er ist der Unverfügbare, der sich mit keinem Zauberspruch, mit keiner Theologie „Dingfest" machen lässt, sondern der Gott, der von jedem Menschen neu erfahren werden will. Und dies, wie gesagt, nur von „hinten", nur den „Rücken Gottes" können wir sehen.

Diese Sichtweise durfte ich immer wieder an Kranken- und Sterbebetten erleben. Erleben, dass Menschen, die unsagbar viel Leid im Leben erfahren mussten, am Ende ihres Lebens sagen konnten: „Es war gut so". Von außen einem Menschen im Leid zugesprochen, „verordnet", „empfohlen", wäre dies unmenschlich, verbietet sich von selbst. Nur ein Betroffener selbst kann solch eine Aussage machen, und wie gesagt auch nur im Nachhinein. Aber sie ist möglich.

Diese Stelle steht vor den Gesetzgebungskapiteln, das heißt bevor Mose die 10 Gebote von Gott erhält. So stellt er sich auch nicht als Gott dar, der klare Anweisungen gibt, die sklavisch befolgt werden müssen, sondern als ein sanfter Windhauch, der in seinen „Geboten zum Leben" erfahren werden will (siehe eigenes Kapitel).

4. Der Auszug aus Ägypten – ein immerwährendes Ereignis

Das 2. Buch der Bibel handelt, wie sein Name „Exodus" sagt, vom Auszug des Volkes Israel aus Ägypten, aus der ägyptischen Knechtschaft und Sklaverei.

Zusammenfassung der Exoduserzählung

Das „Volk" Israel ist mit seinem Stammvater Jakob und seinen zwölf Söhnen (Joseph, der zweiter Mann in Ägypten geworden war) wegen einer Hungersnot in „Israel" nach Ägypten gezogen und hat dort viele Jahre gut gelebt. Erst als ein neuer Pharo an die Macht kommt, der Angst vor der wachsenden Anzahl der Israeliten hat, wendet sich das Schicksal und die Israeliten müssen harte Fronarbeit beim Bau der Pyramiden leisten und schließlich gibt der Pharao sogar den Befehl, alle männlichen Nachkommen der Israeliten zu töten. Mose entkommt diesem Schicksal, indem seine Mutter ihn in einem Binsenkörbchen im Nil aussetzt; die Tochter des Pharao findet ihn und lässt ihn am Hof aufziehen.

Mose weiß von seiner Herkunft und fühlt sich als Israelit. Als ein ägyptischer Aufseher einen seiner Stammesbrüder schlägt, erschlägt er diesen und verscharrt ihn – scheinbar unbeobachtet – im Sand. Da er aber beobachtet wurde, muss er fliehen, und zwar nach Midian, wo er eine der sieben Töchter des Priesters von Midian heiratet. Er lebt lange Jahre dort, hütet die Schafe seines Schwiegervaters.

Dabei wird er dann von Gott – am brennenden Dornbusch – dazu berufen, sein Volk, das noch immer unter der ägyptischen Herrschaft leidet, zu befreien.

Er kehrt nach Ägypten zurück, fordert vom Pharao die Freilassung der Israeliten, die dieser nach zahlreichen Zeichen und Wundern (u.a. die 10 ägyptischen Plagen) zwar erlaubt, die fliehenden Israeliten dann aber verfolgen lässt. Am Roten Meer werden die Ägypter durch Mose mit Gottes Hilfe vernichtet, indem sie im zurückflutenden Wasser ertrinken, bzw. in einer anderen Version die Verfolgung mit Streitwägen im Schlamm nicht fortsetzen können.

Es folgen 40 Jahre in der Wüste, in denen das Überleben wieder durch einige Wundertaten des Moses (Wasser aus dem Felsen, Manna und Wachteln) ermöglicht wird, bevor der Exodus durch den Einzug ins Gelobte Land Kanaan stattfinden kann. Die ansässige Bevölkerung wird besiegt (Jericho) und der „Staat Israel" mit Königtum (Saul, David, Salomo) begründet mit dem Tempel in Jerusalem als Wohnsitz für Gott.

Historische Hintergründe

Die Theologenmeinungen, was von dieser Gesamterzählung historisch geschehen sein könnte, gehen weit auseinander. Von der Meinung, dass nichts davon historisch passiert ist, und all diese Erzählungen als „Kitt" der Volkwerdung erfunden wurden, bis hin zu recht detaillierten Zuordnungen zwischen biblischer Erzählung und historischen Zusammenhängen.

So interessant es natürlich ist, solche Zusammenhänge herzustellen, so wenig bedeutsam erscheint es mir aber auch. Dazu aber mehr im nächsten Kapitel.

Historisch relativ gesichert ist, dass es immer wieder Fluchtbewegungen bei Hungersnöten in umliegenden Ländern nach Ägypten gegeben hat. Ägypten war durch den Nil und ein schon sehr früh sehr ausgeklügeltes Bewässerungssystem gegen Dürreperioden einigermaßen gefeit. Historisch ist auch, dass im Zeitraum zwischen 1650 und 1550 v. Chr. die sog. „Hyksos" die Herrschaft in Ägypten übernommen hatten, ein Volksstamm, der v.a. aus Amoritern und Kanaanäern bestand. Dass in dieser Zeit ein „Ausländer", ein Nicht-Ägypter ein hohes Amt innehaben hätte können, ist jedenfalls wahrscheinlicher als zu jeder anderen Zeit. Diese Hyksos brachten auch Pferde und Streitwägen nach Ägypten, die bei der Flucht der Israeliten ja noch eine Rolle spielen werden.

Wenn wir uns an der in der Bibel genannten Zeitspanne von 400 Jahren für den Aufenthalt in Ägypten orientieren, landen wir in der Regierungszeit von Ramses II. (1279 bis 1213 v. Chr.), der durch seine Bauwut und explizit genannten Ziegelbauten auffällt.

Hier könnten wir also um das Jahr 1250 die Flucht aus der ägyptischen Fronarbeit, den Exodus ansiedeln.

Die Meinungen der Exegeten und Archäologen, was die Historizität dieser Ereignisse betrifft, gehen auseinander; die überwiegende Mehrheit geht inzwischen allerdings davon aus, dass die gesamte Exodus-Erzählung unhistorisch ist.

Biblisch-theologische Aussagen der Exodus-Erzählung

Wie schon gesagt ist es zwar reizvoll, nach historischen Hintergründen biblischer Erzählungen zu forschen, aber auch gefährlich, wenn man die Bibel damit auf ein „Geschichtsbuch" reduziert und letztlich irrelevant, weil es der Bibel um etwas ganz anderes geht als um „Geschichte".

Worum geht es also? Kurz gesagt erzählt die Bibel durchgängig „Story, not History" – also Geschichten, nicht Geschichte. Was jetzt aber nicht heißt, dass sie deshalb „erfunden", unwichtig oder irreal wäre.

Wir gehen davon aus, dass Realität und Wirklichkeit eins sind, dasselbe sind. Aber zwischen Realität und Wirklichkeit besteht ein großer Unterschied. Einige Beispiele: Wir sagen, dass morgens die Sonne aufgeht (unsere Wirklichkeit); in der Realität, die wir natürlich heutzutage durchaus kennen, ist dies eine Folge der Erddrehung. Wir fühlen uns kerngesund (unsere Wirklichkeit), obwohl ein MRT zeigen würde, dass wir Krebs haben, also todkrank sind. Und nicht zuletzt wirken Placebos, die in der Realität keinerlei medizinische Wirkstoffe enthalten. Das heißt, sie bewirken eine Wirklichkeit, ohne eine Realität darzustellen.

Entscheidend für unser persönliches (und oft auch das gesellschaftliche, politische und globale) Leben ist fast immer die Wirklichkeit – nicht die Realität.

Wir finden in der Bibel viele Geschichten, die etwas bewirkt haben – und sollten uns diese Wirkungen anschauen und sie nicht „wegwerfen", weil sie keine Realität enthalten.

Die gesamte Exodus-Erzählung (wie eigentlich die ganze Bibel) können wir auch zusammenfassen in dem Satz „Gott schreibt auf krummen Linien gerade". Oder noch anders gesagt: Egal, wie schlimm es zwischenzeitlich aussieht, am Ende geht es gut aus, am Endpunkt der Geschichte steht der liebende Gott.

Dies zeigt sich in der Anfangsgeschichte des Volkes Israel exemplarisch immer wieder:

„krumme Linie"	„guter Ausgang"
Josef wird von seinen Brüdern als Sklave nach Ägypten verkauft	er steigt zum Berater des Pharao auf, kann dadurch seiner Sippe in der Hungersnot helfen
Mose wird als Säugling ausgesetzt	er wächst am Hof des Pharao auf

Mose muss nach Midian fliehen	er erlernt die Überlebenstechniken der Nomaden
Israel muss Sklavenarbeit in Ägypten leisten	es wird ein starkes Volk in neuer Heimat

Diese Entwicklung von der krummen Linie zum guten Ausgang ereignet sich jetzt aber nicht durch übernatürliches göttliches Eingreifen, durch das, was wir landläufig unter „Wundern" verstehen, sondern ist eine fast zwangsläufige Folge, ist gut nachzuvollziehen, was auch auf das Wunderverständnis der Bibel Auswirkungen hat, wie ich später noch erläutern möchte.

Ich habe oben im Überblick schon die „krummen Linien", auf denen sich Gottes Heilshandeln vollzieht, schon aufgeführt. Anhand der Überlebenstechniken der Nomaden, die Mose beim Hüten der Schafe seines Schwiegervaters Jithro erlernt, möchte ich diese „krummen Linien" in Bezug auf Mose und das eigentliche Exodusgeschehen, wie in der Bibel geschildert, noch genauer ansehen.

Wir lesen in der Bibel, dass sich die Israeliten 400 Jahre in ägyptischer Gefangenschaft befanden. Das sind über 10 Generationen, und das heißt, dass Wissen, das nicht gebraucht wird, verschwindet, verloren geht. Jetzt, nach der Flucht aus Ägypten, finden sich die Israeliten in der Wüste wieder – und Wüste heißt zuallererst einmal Wassermangel, heißt Durst. Und so schlägt Mose Wasser aus dem Felsen. Kein Wunder in dem Sinn, wie wir es oft verstehen, dass Naturgesetze ausser Kraft gesetzt werden, sondern eine Überlebenstechnik der Nomaden. Es gibt in der Wüste Sinai eine poröse Gesteinsart, die bei Regen in der Lage ist, in den Hohlräumen Wasser zu speichern, Wasser, das einen die entscheidenden Stunden am Leben erhalten kann, bis man zur nächsten Oase kommt. Aber man muss um diese Gesteinsart wissen, sonst verdurstet man daneben.

Auch Nahrung ist natürlich ein Problem in der Wüste. Und hier kann Mose seinem Volk mit Manna helfen, eine harzige Absonderung, die entsteht, wenn eine Tamariskenart von Blattläusen befallen wird. Kein Festmahl, nichts, was Tausende monatelang ernähren könnte, aber wieder Nomadenwissen, das in der entscheidenden Stunde der Not weiterhelfen kann.

Und auch das Phänomen des Wachtelzuges gibt, es. Diese Vögel fliegen, bis sie sich erschöpft am Boden niederlassen müssen und so leichte Beute für den werden, der das Glück hat, im richtigen Moment am richtigen Ort zu sein.

Noch einmal: Nichts von dem ist wahrscheinlich historisch geschehen – aber innerhalb des Erzählstrangs scheint die Führung Gottes auf, ist Gott der, der die Zügel der Geschichte in der Hand hält und die Geschicke der Welt lenkt. Das ist die Kern-Aussage dieser Erzählung.

Damit sind wir auch bei der Definition angelangt, mit der die Bibel Wunder beschreibt. Nicht als etwas Übernatürliches, sondern am richtigen Ort zur richtigen Zeit das vorzufinden, was man zum (Über)leben braucht.

Zu diesem Verständnis von Wunder und vom Eingreifen Gottes in unsere Welt (das gar nicht nötig ist, weil alles, was wir brauchen, schon in Hülle und Fülle vorhanden ist) kommt nun noch das Geschichtsverständnis der Israeliten, das am besten und eindeutigsten in dem Lied „Dayanu" zum Ausdruck kommt, das zum Passa-Ritus gehört:

„Dayanu Dank sei dem Herrn

Hätte er uns aus Ägypten geführt, ohne über sie ein Strafgericht zu verhängen, dies hätte uns genügt.

Hätte er über sie ein Strafgericht verhängt, doch ihre Götter verschont , dies hätte uns genügt.

Hätte er ihre Götter bestraft; aber die Erstgeburt nicht erschlagen , dies hätte uns genügt.

Hätte er die Erstgeburt erschlagen. aber ihren Besitz uns nicht gegeben, dies hätte uns genügt.

Hätte er uns ihren Besitz gegeben, doch nicht das Meer für uns geteilt , dies hätte uns genügt.

Hätte er das Meer für uns geteilt, doch uns nicht trockenen Fußes durchgeführt , dies hätte uns genügt.

Hätte er uns trockenen Fußes durchgeführt, doch unsere Feinde nicht im Meer versenkt , dies hätte uns genügt.

Hätte er unsere Feinde im Meer versenkt, doch uns nicht vierzig Jahre sicher durch die Wüste geführt , dies hätte uns genügt.

Hätte er uns sicher vierzig Jahre durch die Wüste geführt, doch uns nicht mit Manna gespeist , dies hätte uns genügt.

Hätte er uns mit Manna gespeist, doch uns den Schabbat nicht gegeben , dies hätte uns genügt.

Hätte er uns den Schabbat gegeben, doch uns nicht zum Sinai geführt , dies hätte uns genügt.

Hätte er uns zum Sinai geführt, doch uns nicht die Tora gegeben dies hätte uns genügt.

Hätte er uns die Tora gegeben, doch uns nicht in das Heilige Land gebracht , dies hätte uns genügt.

Hätte er uns in das Heilige Land gebracht, doch nicht den Tempel für uns gebaut , dies hätte uns genügt.

Wiederholt und verdoppelt sind deshalb die Gründe, dankbar zu sein dem Herrn!"

Anders gesagt: Weil Gott all dies getan hat, gibt es uns überhaupt. Hätte er nicht unsere Vorfahren aus Ägypten herausgeführt, gäbe es uns gar nicht.

Und so schließt der Hausvater diese Aufzählung mit den Worten ab: „Und all das ist geschehen um unseretwillen. Und wären wir auch alle voller Weisheit und Verständnis, alt an Jahren und tief-verwurzelt in den Traditionen und Gebräuchen, dann noch müssten wir jedes Jahr diese Geschichte des Auszugs, unseres Auszugs, erzählen."

Noch deutlicher wird es in der folgenden Passage der Passafeier. Es folgen die drei Fragen nach dem Sinn der Elemente der Feier, und der Hausvater schließt seine Antworten mit folgender zusammenfassenden Aussage ab:

„Ein Jedermann aus jedem Geschlecht muss sich betrachten, als wäre er persönlich aus Ägypten gezogen; denn es heißt: Wegen dessen, was Jahwe mir getan hat, als ich aus Ägypten zog."

Deshalb ist die Feier des Passa-Mahles nicht (nur) eine Erinne-rungs- und Dankesfeier für etwas, was vor 3000 Jahren geschehen ist, sondern Gegenwart – denn wären die Geschehnisse damals anders verlaufen, so wäre auch die ganze Geschichte anders gekommen und es gäbe uns wohl gar nicht. Diese Sicht von Geschichte „stimmt", egal inwieweit die Geschichte selbst historisch stimmt und hebt das „Eingreifen Gottes" auf eine völlig andere Ebene als das Manipulieren von Naturgesetzen.

5. Die 10 Gebote (Deuteronomium 5, Exodus 20)

„Mose rief ganz Israel zusammen. Er sagte zu ihnen: Höre, Israel, die Gesetze und Rechtsentscheide, die ich euch heute vortrage! Ihr sollt sie lernen, sie bewahren und sie halten.

Der HERR, unser Gott, hat am Horeb einen Bund mit uns geschlossen. Nicht mit unseren Vätern hat der HERR diesen Bund geschlossen, sondern mit uns, die wir heute hier stehen, mit uns allen, mit den Lebenden. Von Angesicht zu Angesicht hat der HERR auf dem Berg mitten aus dem Feuer mit euch geredet. Ich stand damals zwischen dem HERRN und euch, um euch das Wort des HERRN zu verkünden; denn ihr wart aus Furcht vor dem Feuer nicht auf den Berg gekommen. Der HERR sprach: Ich bin der HERR, dein Gott, der dich aus dem Land Ägypten geführt hat, aus dem Sklavenhaus. Du sollst neben mir keine anderen Götter haben. Du sollst dir kein Kultbild machen, keine Gestalt von irgendetwas am Himmel droben, auf der Erde unten oder im Wasser unter der Erde. Du sollst dich nicht vor ihnen niederwerfen und ihnen nicht dienen. Denn ich bin der HERR, dein Gott, ein eifersüchtiger Gott: Ich suche die Schuld der Väter an den Kindern heim, an der dritten und vierten Generation, bei denen, die mich hassen; doch ich erweise Tausenden meine Huld bei denen, die mich lieben und meine Gebote bewahren. Du sollst den Namen des HERRN, deines Gottes, nicht missbrauchen; denn der HERR lässt den nicht ungestraft, der seinen Namen missbraucht. Halte den Sabbat: Halte ihn heilig, wie es dir der HERR, dein Gott, geboten hat! Sechs Tage darfst du schaffen und all deine Arbeit tun. Der siebte Tag ist ein Ruhetag, dem HERRN, deinem Gott, geweiht. An ihm darfst du keine Arbeit tun: du und dein Sohn und deine Tochter und dein Sklave und deine Sklavin und dein Rind und dein Esel und dein ganzes Vieh und dein Fremder in deinen Toren. Dein Sklave und deine Sklavin sollen sich ausruhen wie du. Gedenke, dass du Sklave warst im Land Ägypten und dass dich der HERR, dein Gott, mit starker Hand und ausgestrecktem Arm von dort herausgeführt hat. Darum hat es dir der HERR, dein Gott, geboten, den Sabbat zu begehen. Ehre deinen Vater und deine Mutter, wie es dir der HERR, dein Gott, geboten hat, damit du lange lebst und es dir gut geht in dem Land, das der HERR, dein Gott, dir gibt! Du sollst nicht töten und nicht die Ehe brechen und nicht stehlen und nicht Falsches gegen deinen Nächsten aussagen und nicht die Frau deines Nächsten begehren und du sollst nicht das Haus deines Nächsten verlangen, nicht sein Feld, seinen Sklaven oder seine Sklavin, sein Rind oder seinen Esel, nichts, was deinem Nächsten gehört. Diese Worte sagte der HERR auf dem Berg zu eurer vollzähligen Versammlung, mitten aus dem Feuer, aus Wolken und Dunkel, mit Donners mächtiger Stimme, diese Worte und sonst nichts. Er schrieb sie auf zwei Steintafeln und übergab sie mir." [14]

Auch im Buch Exodus stehen die 10 Gebote bereits einmal; dort hört sie allerdings niemand:

„Das ganze Volk erlebte, wie es donnerte und blitzte, wie Hörner erklangen und der Berg rauchte. Da bekam das Volk Angst, es zitterte und hielt sich in der Ferne. Sie sagten zu Mose: Rede du mit uns, dann wollen wir hören! Gott soll nicht mit uns reden, sonst sterben wir." [15]

Mose ist beim Volk und hört und sieht wie dieses nur Donnern, Blitze, Hörnerklang und Rauch. Deshalb die Wiederholung der 10 Gebote in Deuteronomium 5.

Gesetzesvorschriften oder Lebensweisungen?

In der Folge jahrelangen Religionsunterrichts und kirchlicher Unterweisung tendieren die meisten Katholiken wohl dazu, die 10 Gebote als Gesetzesvorschriften (miss)zuverstehen.

Dass sie eigentlich vielmehr Weisungen zu einem guten, gelungenen Leben sein wollen, kann an zwei Tatbeständen belegt werden.

Zuerst einmal ist im jüdisch-ursprünglichen Verständnis das erste Gebot nicht „Du sollst neben mir keine anderen Götter haben", sondern das, was im katholischen Bereich, wenn überhaupt, als „Vorspann" auftaucht:

„Ich bin der HERR, dein Gott, der dich aus dem Land Ägypten geführt hat, aus dem Sklavenhaus."

Dies als Gesetzesvorschrift, als Gebot zu lesen, ist schwierig.

Wenn man dies als grundlegende, erste Weisung versteht, gewinnen die folgenden Weisungen einen völlig anderen Sinn:

Weil ich der Gott bin, der dich befreit hat, der dich in die größtmögliche Freiheit geführt hat, wirst du nicht so dumm sein, diese Freiheit durch Habgier, Lüge, und ähnliches aufs Spiel zu setzen, zu verspielen.

So kann man zum Beispiel die Weisungen zur Sabbat-Heiligung natürlich als extreme Einschränkungen verstehen. Es sind nur eine gewisse Anzahl an Schritten erlaubt, es darf kein Feuer gemacht werden, was in der strengen Auslegung auch heißt, dass kein Lichtschalter, Herd, Auto benutzt werden kann, weil dies mit Funkenbildung verbunden ist. Aber genauso auch als große Befreiung, wie ich es vor einiger Zeit in einer Aussage einer jungen Jüdin hören durfte: Ein Tag, in dem das Handy ausgeschaltet ist, in dem ich nicht durch Netflix abgelenkt bin, ein Tag, der nur mir gehört.

Dass dies die eigentliche Absicht des Textes ist, zeigt sich auch darin, dass die Übersetzung von „du sollst" vom hebräischen her genauso mit „du wirst" möglich ist.

Daraus hat sich in der jüdischen Tradition der Gedanke entwickelt: Du darfst, aber du wirst nicht - weil ich dein Gott bin und dich zur Freiheit berufen habe.

Jedes der Gebote müsste also eigentlich zusammen mit dem ersten, grundlegenden gelesen werden: Ich, dein Gott, habe dich aus der Gefangenschaft befreit, und deshalb wirst du nicht so dumm sein, dich durch Lüge, Diebstahl, …. wieder in Gefangenschaft zu begeben.

Oder anders ausgedrückt mit einem Satz, der dem Hl. Augustinus zugeschrieben wird: „Liebe - und dann tu, was immer du willst". (Quelle unbekannt).

Noch weiter geht Elga Sorge (* 1940, ab 1973 Studienleiterin am Pädagogisch Theologischen Institut in Kassel, ab 1979 Lehrbeauftragte für Feministische Theologie), eine ev. Theologin, der auf Grund ihrer radikalen Theologie 1987 die Lehrerlaubnis entzogen wurde. Auch wenn sie mit ihren Schriften und Meinungen vielleicht über das Ziel hinausschießt, hat sie doch wichtige Impulse gesetzt.

Die zehn Erlaubnisse

1. Ich bin die Weisheit und die Kraft in allem, und neben mir sitzt Gott, der Menschensohn, der auf den Wolken des Himmels kommt. Ihr dürft alle seinen Namen und alle meine Namen, die die Völker erfunden haben, ehren. Denn ich bin nicht eifersüchtig und räche die Missetaten der Väter nicht an unschuldigen Kindern bis ins dritte und vierte Glied.

2. Du darfst dir unbegrenzt viele Bilder und Gleichnisse von mir machen und mich erkennen und lieben in allem was lebt, besonders in deinem Nächsten; denn ich habe dich erschaffen, zuerst geliebt und bestrafe dich nicht für deine Fehler, die ich vergebe.

3. Du darfst alle meine Feste im Jahreszyklus feiern, auch die Heilige Hochzeit, auch Sabbath und Sonntage, doch wisse: Sie sind um der Menschen und des Lebens willen da, nicht umgekehrt.

4. Du darfst Mutter und Vater lieben, ehren und verlassen, denn ihr seid zur Freiheit berufen, nicht zur Knechtschaft.

5. Du darfst den Tod bejahen als Wandlung zu neuem Leben, und du brauchst nie zu töten, nicht einmal dann, wenn jemand sagt, Gott selbst habe dies befohlen.

6. Du darfst ehebrechen, denn du kannst ja nicht anders, weil jede, die einer anderen Mann ansieht, seiner zu begehren, in ihrem Herzen schon die Ehe gebrochen hat. Aber natürlich darfst du auch treu sein.

7. Du darfst deine Güter mit anderen teilen und dir nehmen, was du zum Leben brauchst. Dann wirst du nicht stehlen und Dinge nur für dich haben wollen, die auch andere brauchen.

8. Du darfst immer die Wahrheit sagen, es wird dir gut tun, aber lass das Schwören, denn dies vermagst du nicht.

9. Du darfst den Mann deiner Nächsten und alle Dinge, die sie hat, lieben, doch begehre sie nicht als Besitz.

10. Du darfst dich öffnen und werden, was du bist, auch neidisch, hasserfüllt, egoistisch, eifersüchtig, wütend, narzisstisch und böse; denn Liebenden wird auch das Böse, werden die Dinge zum Besten dienen, also: Liebe und dann tu, was immer du willst!

Elga Sorge (Quelle unbekannt)

Ich habe die Frage gestellt, ob der Dekalog eine Sammlung von Gesetzesvorschriften oder Lebensweisungen darstellt. Die Antwort lautet meiner Meinung nach, dass wir ihn als den Königsweg zu einem gelingenden Leben verstehen sollten. Dies ist, denke ich, auch im Sinne Jesu, der uns befreien wollte zu einem Leben ohne Angst, aber auch ohne Hass und Neid, indem wir uns der Liebe öffnen. Und dies nicht durch seinen Kreuzestod, sondern durch sein Leben.

6. Kann man mit Gott handeln? (Genesis 18,1-33)

„Der HERR erschien Abraham bei den Eichen von Mamre, während er bei der Hitze des Tages am Eingang des Zeltes saß. Er erhob seine Augen und schaute auf, siehe, da standen drei Männer vor ihm. Als er sie sah, lief er ihnen vom Eingang des Zeltes aus entgegen, warf sich zur Erde nieder und sagte: Mein Herr, wenn ich Gnade in deinen Augen gefunden habe, geh doch nicht an deinem Knecht vorüber! Man wird etwas Wasser holen; dann könnt ihr euch die Füße waschen und euch unter dem Baum ausruhen. Ich will einen Bissen Brot holen, dann könnt ihr euer Herz stärken, danach mögt ihr weiterziehen; denn deshalb seid ihr doch bei eurem Knecht vorbeigekommen. Sie erwiderten: Tu, wie du gesagt hast! Da lief Abraham eiligst ins Zelt zu Sara und rief: Schnell drei Sea feines Mehl! Knete es und backe Brotfladen! Er lief weiter zum Vieh, nahm ein zartes, prächtiges Kalb und übergab es dem Knecht, der es schnell zubereitete. Dann nahm Abraham Butter, Milch und das Kalb, das er hatte zubereiten lassen, und setzte es ihnen vor. Er selbst wartete ihnen unter dem Baum auf, während sie aßen. Sie fragten ihn: Wo ist deine Frau Sara? Dort im Zelt, sagte er. Da sprach er: In einem Jahr komme ich wieder zu dir. Siehe, dann wird deine Frau Sara einen Sohn haben. Sara hörte am Eingang des Zeltes hinter seinem Rücken zu. Abraham und Sara waren schon alt; sie waren hochbetagt. Sara erging es nicht mehr, wie es Frauen zu ergehen pflegt. Sara lachte daher still in sich hinein und dachte: Ich bin doch schon alt und verbraucht und soll noch Liebeslust erfahren? Auch ist mein Herr doch schon ein alter Mann! Da sprach der HERR zu Abraham: Warum lacht Sara und sagt: Sollte ich wirklich noch gebären, obwohl ich so alt bin? Ist denn beim HERRN etwas unmöglich? Nächstes Jahr um diese Zeit werde ich wieder zu dir kommen; dann wird Sara einen Sohn haben. Sara leugnete: Ich habe nicht gelacht. Denn sie hatte Angst. Er aber sagte: Doch, du hast gelacht.

Die Männer erhoben sich von dort und schauten auf Sodom hinab. Abraham ging mit ihnen, um sie zu geleiten. Da sagte der HERR: Soll ich Abraham verheimlichen, was ich tun will? Abraham soll doch zu einem großen, mächtigen Volk werden, durch ihn sollen alle Völker der Erde Segen erlangen. Denn ich habe ihn dazu ausersehen, dass er seinen Söhnen und seinem Haus nach ihm gebietet, den Weg des HERRN einzuhalten und Gerechtigkeit und Recht zu üben, damit der HERR seine Zusagen an Abraham erfüllen kann. Der HERR sprach: Das Klagegeschrei über

Sodom und Gomorra, ja, das ist angeschwollen und ihre Sünde, ja, die ist schwer. Ich will hinabsteigen und sehen, ob ihr verderbliches Tun wirklich dem Klagegeschrei entspricht, das zu mir gedrungen ist, oder nicht. Ich will es wissen. Die Männer wandten sich ab von dort und gingen auf Sodom zu. Abraham aber stand noch immer vor dem HERRN. Abraham trat näher und sagte: Willst du auch den Gerechten mit den Ruchlosen wegraffen? Vielleicht gibt es fünfzig Gerechte in der Stadt: Willst du auch sie wegraffen und nicht doch dem Ort vergeben wegen der fünfzig Gerechten in ihrer Mitte? Fern sei es von dir, so etwas zu tun: den Gerechten zusammen mit dem Frevler töten. Dann ginge es ja dem Gerechten wie dem Frevler. Das sei fern von dir. Sollte der Richter der ganzen Erde nicht Recht üben? Da sprach der HERR: Wenn ich in Sodom fünfzig Gerechte in der Stadt finde, werde ich ihretwegen dem ganzen Ort vergeben. Abraham antwortete und sprach: Siehe, ich habe es unternommen, mit meinem Herrn zu reden, obwohl ich Staub und Asche bin. Vielleicht fehlen an den fünfzig Gerechten fünf. Wirst du wegen der fünf die ganze Stadt vernichten? Nein, sagte er, ich werde sie nicht vernichten, wenn ich dort fünfundvierzig finde. Er fuhr fort, zu ihm zu reden: Vielleicht finden sich dort nur vierzig. Da sprach er: Ich werde es der vierzig wegen nicht tun. Da sagte er: Mein Herr zürne nicht, wenn ich weiterrede. Vielleicht finden sich dort nur dreißig. Er entgegnete: Ich werde es nicht tun, wenn ich dort dreißig finde. Darauf sagte er: Siehe, ich habe es unternommen, mit meinem Herrn zu reden. Vielleicht finden sich dort nur zwanzig. Er antwortete: Ich werde sie nicht vernichten um der zwanzig willen. Und nochmals sagte er: Mein Herr zürne nicht, wenn ich nur noch einmal das Wort ergreife. Vielleicht finden sich dort nur zehn. Er sprach: Ich werde sie nicht vernichten um der zehn willen. Der HERR ging fort, als er aufgehört hatte, zu Abraham zu reden, und Abraham kehrte an seinen Ort zurück."[16]

Zu dieser Erzählung gibt es eigentlich wenig zu sagen, was nicht in vorhergehenden Kapiteln bereits bzgl. Gottesbild und Bibelverständnis angesprochen worden wäre. Ich habe sie trotzdem aus folgenden drei Gründen in meine „Perlen der Bibel" aufgenommen: Erstens ist es eine Geschichte, die in ihrer Gänze, auch wenn wohl jeder schon von „Sodom und Gomorra" gehört hat, eher unbekannt ist. Zweitens liefert der erste Teil des Kapitels, der Besuch der drei Männer bei den Eichen von Mamre ein gutes Beispiel dafür, wie leichtfertig wir über Einzelheiten hinweglesen, und drittens ist der Handel Abrahams mit Gott wirklich eine „Perle" der Bibel.

Der Besuch der drei Männer bei Abraham

Zuerst einmal ist es beachtenswert, wie selbstverständlich der Text mehrmals zwischen dem „HERRN" (hier steht im Original JHWH, also der nicht auszusprechende Gottesname) und den „drei Männern" hin und her wechselt. Die katholische Theologie hat darin einige Zeit einen alttestamentlichen Hinweis auf die Dreifaltigkeit Gottes gesehen, was natürlich theologisches Wunschdenken und Unsinn ist.

Naheliegender und theologisch fundierter ist die Aussage, dass Gott durch Boten spricht, in Boten erfahrbar wird, hier eben durch die drei Männer.

Mit dem „leichtfertigen hinweglesen" meine ich aber etwas anderes: „Da lief Abraham eiligst ins Zelt zu Sara und rief: Schnell drei Sea feines Mehl! Knete es und backe Brotfladen! Er lief weiter zum Vieh, nahm ein zartes, prächtiges Kalb und übergab es dem Knecht, der es schnell zubereitete. Dann nahm Abraham Butter, Milch und das Kalb, das er hatte zubereiten lassen, und setzte es ihnen vor."[17]

Sara wird hier angewiesen, aus 22 l Mehl Brotfladen zu backen, und der Knecht hat „schnell" ein zartes, prächtiges Kalb zuzubereiten. Wie lange saßen die drei Männer wohl unter dem Baum, bis Abraham ihnen das angekündigte Essen vorsetzte? Mehrere Stunden dürfen wir für diese orientalische Gastfreundschaft auf alle Fälle ansetzen, nicht 10 Minuten, von denen wir beim flüchtigen Lesen wohl ausgehen, wenn wir von unseren heutigen Gepflogenheiten ausgehen, bei denen wir einfach die Kühlschranktür öffnen und belegte Wurstbrote zubereiten würden.

Vielleicht vermittelt uns auch sorgfältigeres Lesen dieser Stelle keine tiefschürfenden theologischen Erkenntnisse. Aber es kann uns teilhaben lassen am orientalischen Zeit- und Lebensgefühl und daran, was mit Gastfreundschaft gemeint ist.

Der Handel Abrahams mit Gott

Auch hier finden wir wieder den schon angesprochenen permanenten Wechsel zwischen den Männern und Gott.

Entscheidender ist aber, dass Abraham Gott von seinem Vorhaben, Sodom und Gomorra zu vernichten, abbringen kann, sollten sich nur 10 Gerechte und den verderbten Menschen in Sodom und Gomorra befinden. Dabei „geht er aber nicht gleich aufs Ganze", sondern beginnt seinen Handel mit Gott bei 50 Gerechten und nähert sich den 10 Gerechten über die Stufen 45, 40, 30 und 20. Gott lässt sich auf diesen Handel mit all seinen Stufen ein und verspricht, Sodom und Gomorra zu verschonen, wenn sich 10 Gerechte dort finden – was leider nicht der Fall ist.

Entscheidend ist, aber, dass Gott sich auf diesen Handel einlässt, und zwar nicht durch Opfergaben (also „Bestechung"), sondern durch Argumentation („Fern sei es von dir, so etwas zu tun: den Gerechten zusammen mit dem Frevler töten. Dann ginge es ja dem Gerechten wie dem Frevler. Das sei fern von dir. Sollte der Richter der ganzen Erde nicht Recht üben?"[18])

Wir haben hier also einen Gott, ein Gottesbild, mit dem man Handeln kann, einen Gott, der „mit sich reden lässt". Dies ist für diese frühe Schicht der Bibel bemerkenswert, erstaunlich.

Opferkulte, in denen Götter durch Opfergaben gnädig gestimmt werden sollen, in denen etwas erreicht werden soll, indem man ein Rind, ein Schaf oder Geld opfert, kennen wir zur Genüge und gehören zum Umfeld der Bibel. Umso aufsehenerregender diese Geschichte, die ohne Opfer auskommt, die mit Gott „auf Augenhöhe" verhandelt!

7. Kurze Hinweise auf weitere Perlen der Bibel

Nicht zitieren und ausführlich besprechen, aber zumindest hinweisen möchte ich Sie auf einige weitere Bibelstellen, die es auf alle Fälle wert sind, gelesen zu werden. Wer keine Bibel zur Hand hat, bzw. sowieso lieber online unterwegs ist, findet sie am einfachsten auf www.bibleserver.com, was auch den Vorteil hat, unter 11 deutschen und vielen weiteren Übersetzungen in anderen Sprachen vergleichen zu können.

Jes 1,11-17

Jesaja wendet sich hier gegen jede Form von Opferkult und stellt stattdessen die Nächstenliebe, das Eintreten gegen Unterdrückung, für Gerechtigkeit an erste Stelle.

Jes 7,14

Hier geht es um König Ahas und sein mangelndes Vertrauen in Gott. Gott selbst bietet ihm dann als Zeichen die Geburt eines Sohnes an. Dieser Vers ist deshalb so bedeutsam, weil Matthäus ihn als Erfüllung dieser alttestamentlichen Bibelstelle zitiert und damit die jungfräuliche Geburt Jesu untermauert wird.

Interessanterweise steht bei Jes 7,14 als Anmerkung, dass die korrekte Übersetzung des hier verwendeten Wortes alma eigentlich junge Frau lautet, nicht Jungfrau. Bei Matthäus 1,23 fehlt diese durchaus wichtige Anmerkung allerdings. Warum?

Jes 58,3-7

Hier wendet sich Jesaja gegen Fastenpraktiken, die um ihrer selbst willen geschehen, aber nicht die Hinwendung zum Nächsten zum Ziel haben.

1 Thess 4,13-14

Eine der klarsten, schönsten Aussagen bzgl. unserer Auferstehungshoffnung

Jak 2,14-26

Thema dieser Textpassage ist das Zusammenspiel von Glaube und Werken, die in der Aussage gipfelt, dass der Glaube ohne die Werke tot, nutzlos ist.

Hebr 10,17-18

Wie viele andere nimmt auch diese Bibelstelle die Opfertheologie kritisch unter die Lupe.

Sprüche 31,10-31

Ein faszinierender Lobpreis auf die Frau, wobei hervorzuheben ist, dass nicht einseitig die brave, tüchtige Hausfrau beschrieben wird, sondern durchaus die tatkräftige, weise Unternehmerin.

Psalm 23

Obwohl sicher eine der bekanntesten Stellen der Bibel, kann ich den Psalm 23 nicht unerwähnt lassen, schildert er doch in unübertroffener Weise das Gottvertrauen des alttestamentlichen Beters.

1 Kor 13

Nicht weniger bekannt, aber auch nicht weniger erwähnenswert ist diese Bibelstelle, das sog. „Hohelied der Liebe". Die Liebe wird hier letztlich in all ihren Ausführungen sogar über den Glauben gestellt.

1 Kor 12,4-11

Eine Bibelstelle, die der Amtskirche mit ihrer Engführung auf das Priestertum gar nicht oft als Spiegel hingehalten werden kann. Hier werden die verschiedenen Geistesgaben aufgezählt, die erst in ihrem Zusammenspiel ein Gesamt ergeben können.

Lev 25,35-38

Hier wird mit Blick auf die Befreiungstat Gottes festgeschrieben, dass man den verarmten Bruder unterstützen soll. Beachtenswert ist aber, dass diese Unterstützung ausgedehnt wird auf Fremde und Halbbürger.

Psalm 139

Nicht so bekannt wie der Psalm 23, aber eine ebensolche Perle ist der Psalm 139. Hier wird der Mensch als Meisterwerk der Schöpfung Gottes gepriesen und zugleich das Wissen Gottes um jeden Gedanken des Menschen beschrieben.

Mit diesem Psalm beende ich meine kleine Auswahl aus einem unendlichen Schatz an Perlen in der Bibel. Ich hoffe, Sie hatten Freude an dieser Schatzsuche.

Damit bin ich am Ende meiner Gedanken und Überlegungen angelangt. Sie sollen vor allem Ermutigung zum eigenen Glaubensweg sein. Sie sollen anregen, die Bibel in die Hand zu nehmen, sich mit ihr zu beschäftigen. Dazu gibt es zahlreiche Bildungsveranstaltungen, Bibelabende in Pfarreien und darüber hinaus. Und natürlich Fachliteratur ohne Ende.

Ich freue mich, wenn Sie mir ihre Gedanken zu meinem Buch mitteilen, auch über meine Bücher „Gedanken durch das Jahr", „Geschichten vom Leben", „Warum ich mich manchmal schäme, katholisch zu sein - aber es noch immer bin" und meine „Elfchen". Schreiben Sie mir per mail:

buchkritik3@online.de

Verzeichnis der Bibelstellen

1) S. 3   Gen 4,16-17

2) S. 4   Gen 6,1-3

3) S. 5   Mt 2,19-23

4) S. 5   Joh 21,11

5) S. 8   Ex 34,6-7

6) S. 10   Ex 21,24-25

7) S. 11   Ex 21,26-27

8) S. 13   Lk 15,11-32

9) S. 14   Lk 15,4-6

10) S. 15   Joh 9,1-3

11) S. 17   Weish 11,23-26

12) S. 19   1 Kön 19,9b-13

13) S. 21   Ex 33,18-23

14) S. 37   Dtn 5,2-22

15) S. 37   Ex 20,18-19

16) S. 46   Gen 18,1-33

17) S. 47   Gen 18,6-8

18) S. 49   Gen 18,24b-25

Anmerkungen

Alle Textpassagen der Pesach-Haggadah aus:
Werner Ehlen: Die Passafeier. Entstehung aus historischer Sicht und die geschichtliche Entwicklung bis zum heutigen Gottesdienst. (1979, Abschlußarbeit Kirchliche Gesamthochschule Eichstätt, Abt. München)

Bei den Texten, die mit „Quelle unbekannt" gekennzeichnet sind, konnte ich die Urheberrechte nicht klären. Sollten solche bestehen, bitte ich um Nachricht.

學校 - училище	2
旅行 - пътуване	5
交通運送 - транспорт	8
城市 - град	10
地形 - пейзаж	14
餐館 - ресторант	17
超市 - супермаркет	20
飲料 - напитки	22
食物 - ядене	23
農場 - селски двор	27
房子 - къща	31
客廳 - всекидневна	33
廚房 - кухня	35
浴室 - баня	38
兒童房 - детска стая	42
衣服 - облекло	44
辦公室 - офис	49
經濟 - икономика	51
職業 - професии	53
工具 - инструменти	56
樂器 - музикални инструменти	57
動物園 - зоологическа градина	59
體育 - спорт	62
活動 - дейности	63
家 - семейство	67
身體 - тяло	68
醫院 - болница	72
緊急情形 - спешен случай	76
地球 - Земя	77
鐘錶 - часовник	79
週 - седмица	80
年 - година	81
形狀 - форми	83
顏色 - цветове	84
反義詞 - противоположности	85
數字 - числа	88
語言 - езици	90
誰/什麼/如何 - кой / какво / как	91
方位 - къде	92

Impressum
Verlag: BABADADA GmbH, Nedderfeld 112 , 22529 Hamburg
Geschäftsführer / Verlagsleitung: Harald Hof
Druck: Books on Demand GmbH, In de Tarpen 42, 22848 Norderstedt

Imprint
Publisher: BABADADA GmbH, Nedderfeld 112 , 22529 Hamburg, Germany
Managing Director / Publishing direction: Harald Hof
Print: Books on Demand GmbH, In de Tarpen 42, 22848 Norderstedt

學校

училище

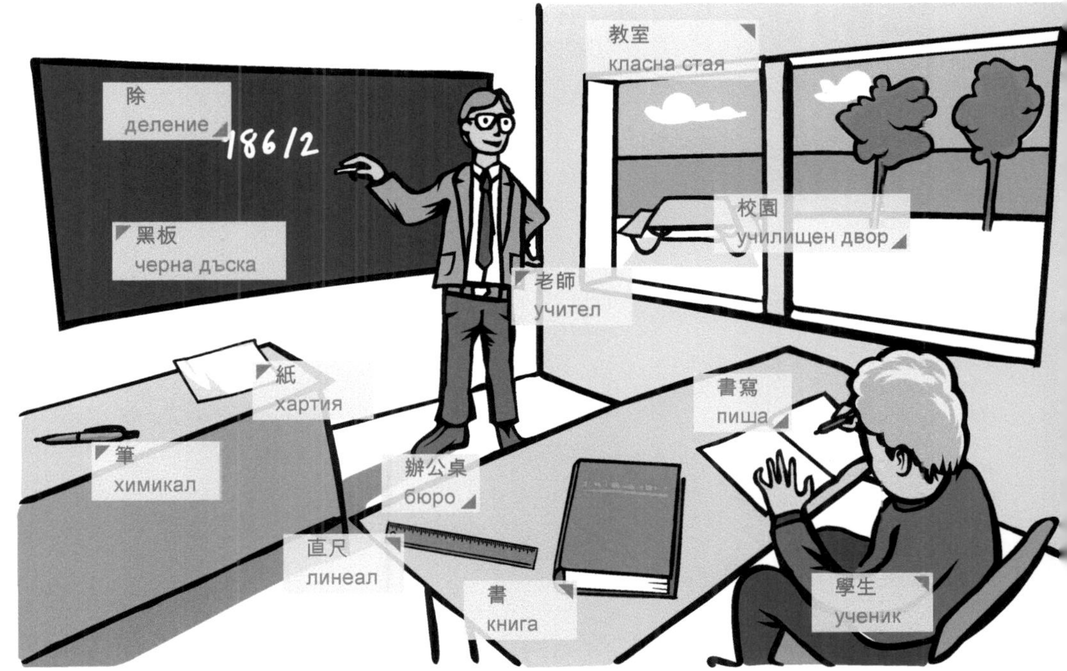

教室
класна стая
除
деление
186/2
黑板
черна дъска
校園
училищен двор
老師
учител
紙
хартия
書寫
пиша
筆
химикал
辦公桌
бюро
直尺
линеал
書
книга
學生
ученик

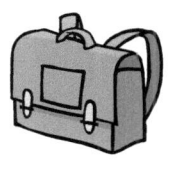

書包

ученическа раница

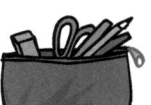

鉛筆盒

ученически несесер

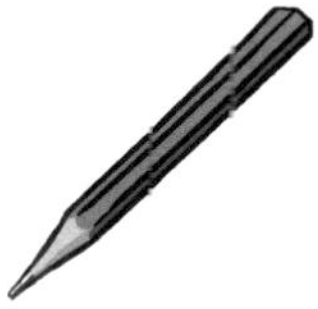

鉛筆

молив

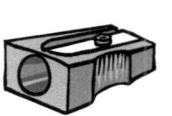

削鉛筆機

острилка за моливи

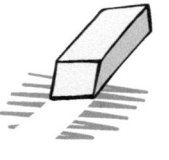

橡皮擦

гума

畫板

блок за рисуване

圖畫

рисунка

畫筆

четка

顏料盒

акварелни бои

剪刀

ножица

膠水

лепило

練習冊

тетрадка за упражнения

家庭作業

домашна работа

數字

число

加

събиране

減

изваждане

乘

умножение

計算

смятане

字母

буква

字母表

азбука

字

дума

課文

текст

讀

чета

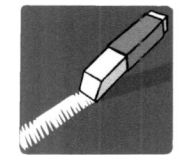

粉筆

тебешир

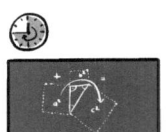

上課

час

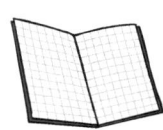

登記

дневник на класа

考試

изпит

證書

свидетелство

校服

ученическа униформа

教育

образование

百科全書

справочник

大學

университет

顯微鏡

микроскоп

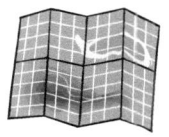

地圖

карта

廢紙簍

кошче за хартиени отпадъци

旅行

пътуване

飯店
хотел
Grand
青年旅社
хостел
ROOMS
外幣兌換處
обменно бюро
EXCHANGE
手提箱
куфар
汽車
кола

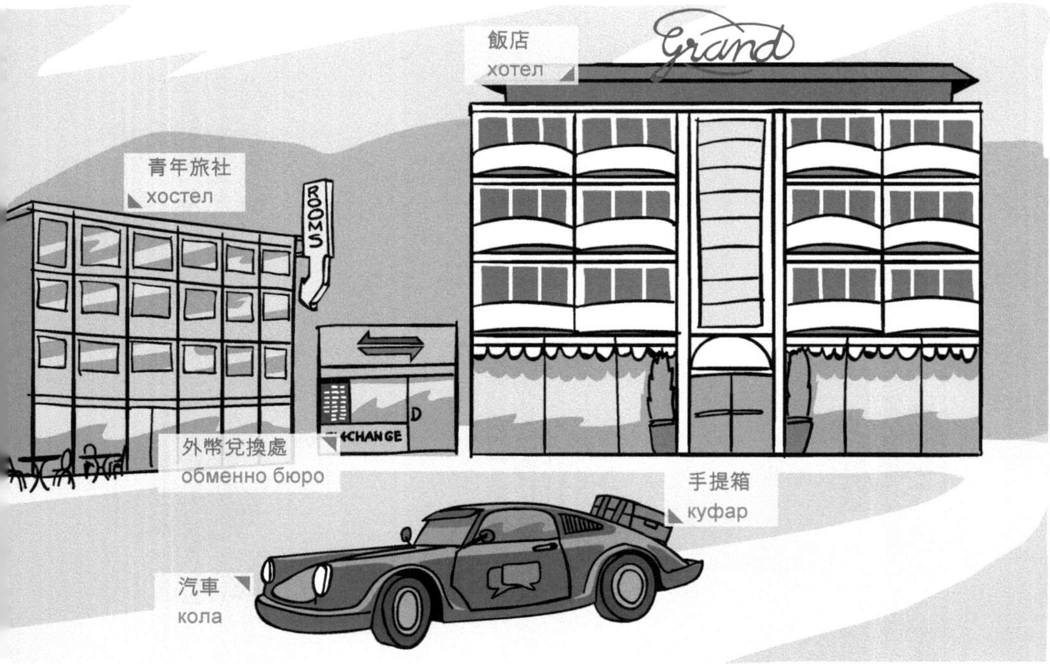

語言

език

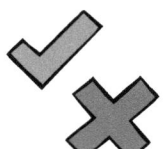

是/否

да / не

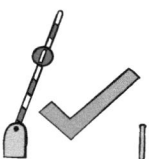

好的

Окей

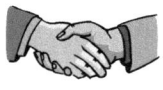

您好

здравей

翻譯人員

преводач

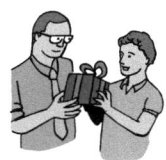

謝謝

Благодаря

……多少錢？

Колко струва…?

我不明白

Не разбирам

問題

проблем

晚上好！

Добър вечер!

早上好！

Добро утро!

晚安！

Лека нощ!

再見

довиждане

方向

посока

行李

багаж

包

пътна чанта

背包

раница

客人

посетител

房間

стая

睡袋

спален чувал

帳篷

палатка

旅行資訊

уристическа информация

海灘

плаж

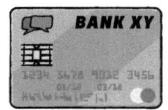

信用卡

кредитна карта

早餐

закуска

午餐

обед

晚餐

вечеря

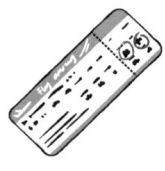

票

билет

電梯

асансьор

郵票

пощенска марка

邊界

граница

海關

митница

大使館

посолство

簽證

виза

護照

паспорт

交通運送

транспорт

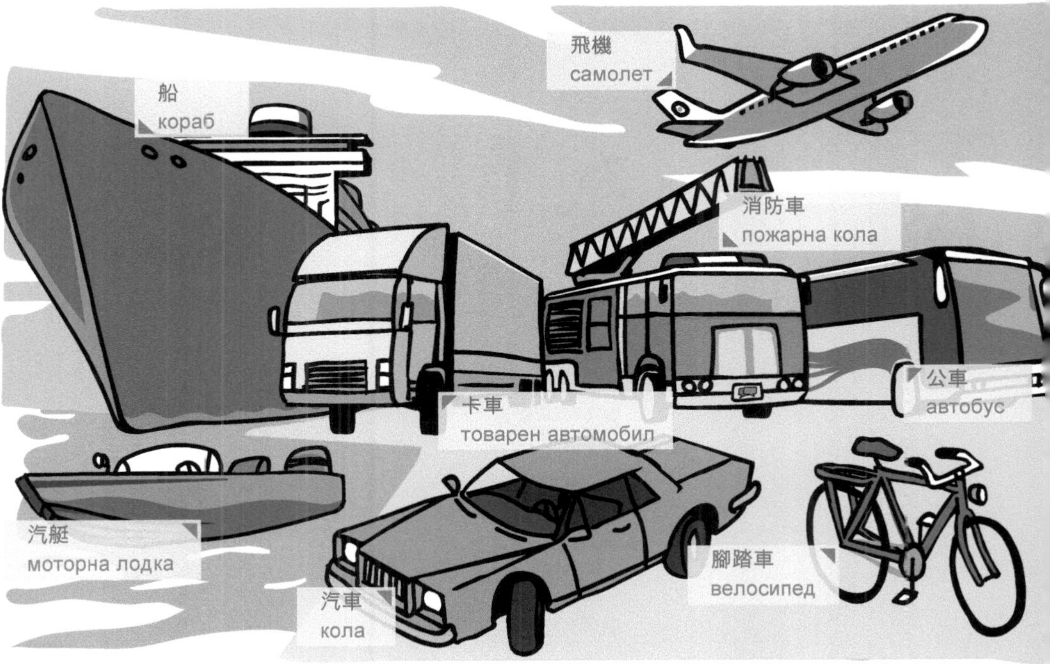

飛機
самолет
船
кораб
消防車
пожарна кола
公車
автобус
卡車
товарен автомобил
汽艇
моторна лодка
腳踏車
велосипед
汽車
кола

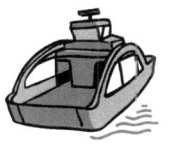

渡輪

ферибот

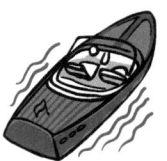

小船

лодка

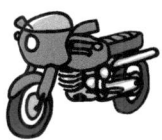

機車

мотоциклет

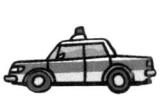

警車

полицейска кола

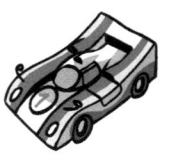

賽車

състезателна кола

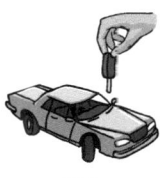

租車

кола под наем

拼車

каршеринг

拖車

автомобил от "Пътна помощ"

垃圾車

сметовоз

馬達

двигател

汽油

бензин

加油站

бензиностанция

交通標識

пътен знак

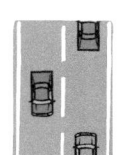

交通

улично движение

交通堵塞

задръстване

停車場

паркинг

火車站

гара

軌道

релси

火車

влак

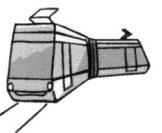

路面電車

трамвай

客車廂

вагон

交通運送 - транспорт

直升機

хеликоптер

機場

аерогара

塔

кула

乘客

пасажер

集裝箱

контейнер

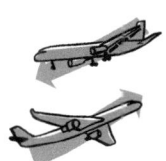

紙板箱

кашон

手推車

ръчна количка

籃子

кошница

起飛/降落

излитам / приземявам се

城市

град

村莊

село

市中心

градски център

房子

къща

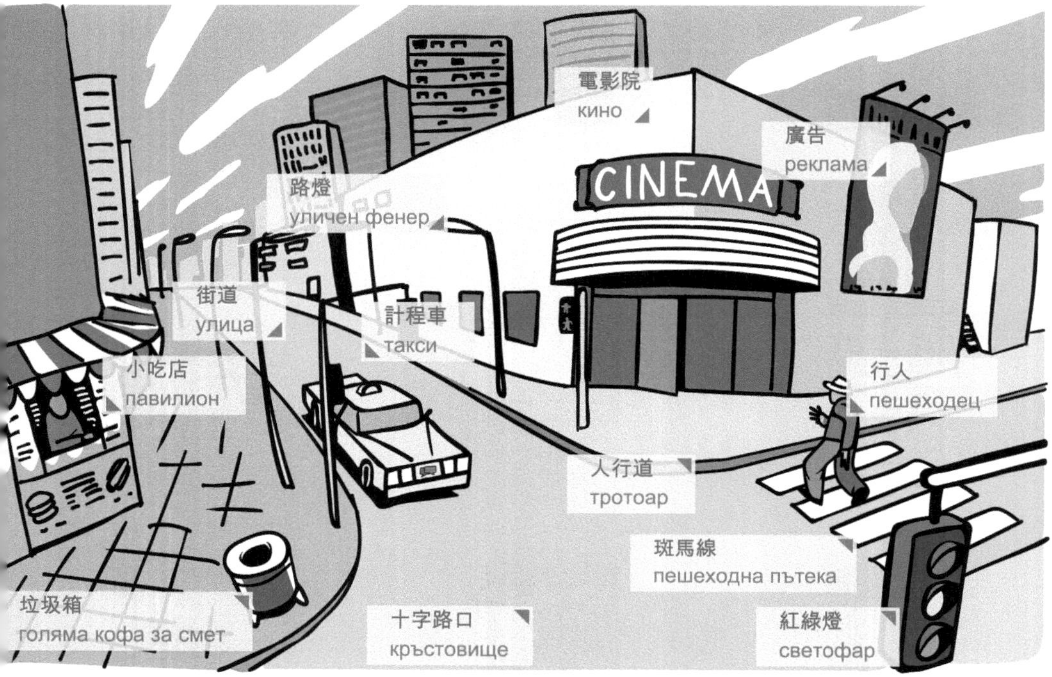

電影院
кино
廣告
реклама
CINEMA
路燈
уличен фенер
街道
улица
計程車
такси
小吃店
павилион
行人
пешеходец
人行道
тротоар
斑馬線
пешеходна пътека
垃圾箱
голяма кофа за смет
十字路口
кръстовище
紅綠燈
светофар

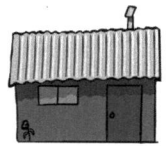

小屋

хижа

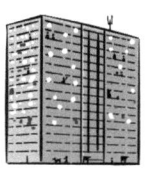

公寓

жилище

火車站

гара

市政廳

кметство

MUSEUM

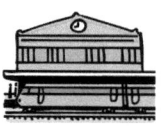

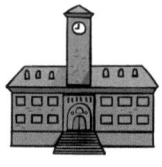

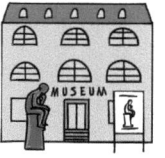

博物館

музей

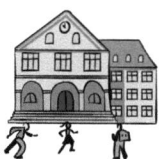

學校

училище

大學

университет

銀行

банка

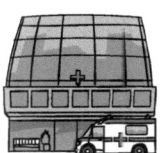

醫院

болница

飯店

хотел

藥房

аптека

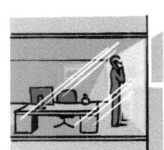

辦公室

офис

書店

книжарница

商店

магазин за цветя

花店

магазин за цветя

超市

супермаркет

市場

пазар

百貨商店

универсален магазин

魚店

търговец на риба

購物中心

търговски център

海港

пристанище

公園
парк

長凳
пейка

橋
мост

樓梯
стълба

捷運
метро

隧道
тунел

公車站
автобусна спирка

酒吧
бар

餐館
ресторант

郵筒
пощенска кутия

路標
улична табелка

停車計時器
часовник за паркинг
престой

動物園
зоологическа градина

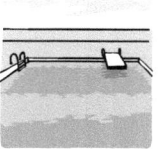

游泳池
плувен басейн

清真寺
джамия

農場

селски двор

污染

замърсяване на околната среда

墓地

гробище

教堂

църква

操場

детска площадка

寺廟

храм

地形
пейзаж

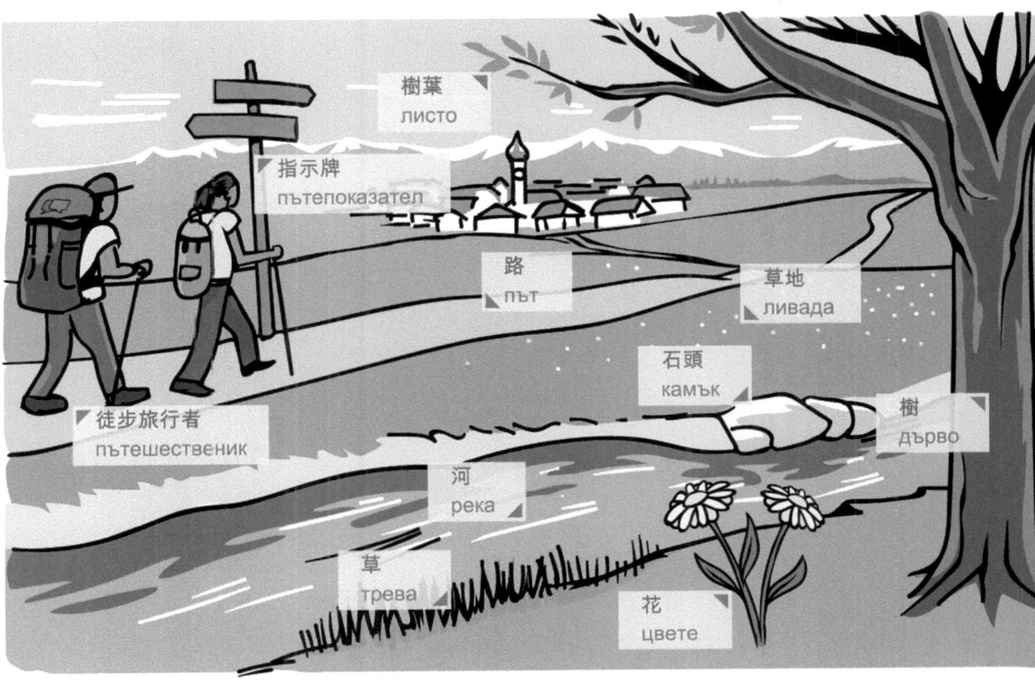

樹葉
листо

指示牌
пътепоказател

路
път

草地
ливада

石頭
камък

樹
дърво

徒步旅行者
пътешественик

河
река

草
трева

花
цвете

峽谷

долина

丘陵

планина

湖

море

森林

гора

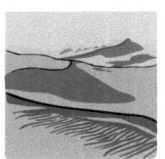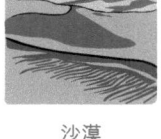

沙漠

пустиня

火山

вулкан

城堡

замък

彩虹

дъга

蘑菇

гъба

棕櫚樹

палма

蚊子

комар

蒼蠅

муха

螞蟻

мравка

蜜蜂

пчела

蜘蛛

паяк

甲蟲

бръмбар

青蛙

жаба

松鼠

катеричка

刺蝟

таралеж

野兔

заек

貓頭鷹

кукумявка

鳥

птица

天鵝

лебед

野豬

диво прасе

鹿

елен

麋鹿

лос

水壩

бент

風力發電機

вятърна турбина

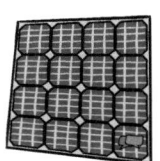

太陽能電池板

соларен модул

氣候

климат

餐館
ресторант

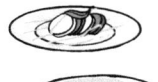

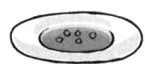

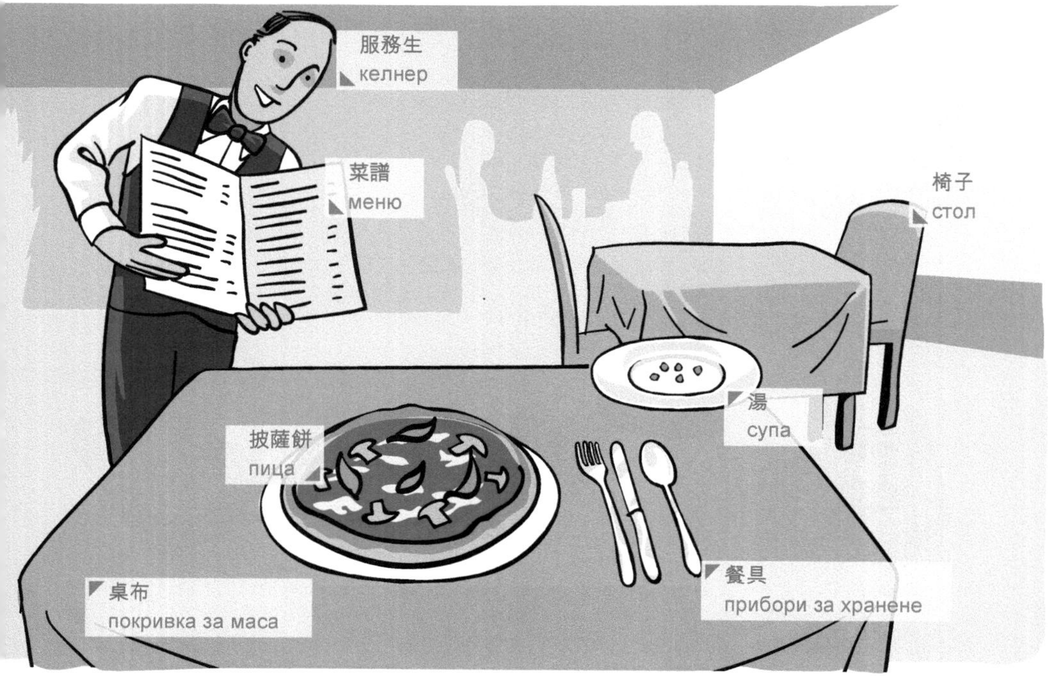

服務生
келнер
菜譜
меню
椅子
стол
湯
супа
披薩餅
пица
桌布
покривка за маса
餐具
прибори за хранене

前菜

предястие

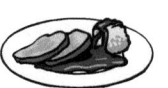

主菜

основно ястие

甜點

десерт

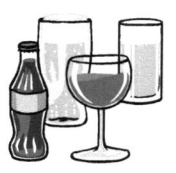

飲料

напитки

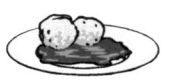

食物

ядене

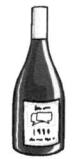

瓶子

бутилка

速食

бързо хранене

街邊小吃

улична храна

茶壺

кана за чай

糖盒

кутия за захар

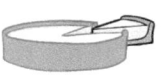

一份飯菜

порция

義式咖啡機

еспресо машина

高腳椅

висок детски стол

帳單

сметка

托盤

табла

刀

ножица за нокти

餐叉

вилица

勺子

лъжица

茶匙

чаена лъжичка

餐巾

салфетка

玻璃杯

стъклена чаша

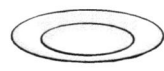

碟子

чиния

湯盤

чиния за супа

碟子

чинийка

醬

сос

鹽瓶

солница

胡椒研磨罐

мелничка за черен пипер

醋

оцет

食用油

олио

調味料

подправки

番茄醬

кетчуп

芥末

горчица

美乃滋

майонеза

超市

супермаркет

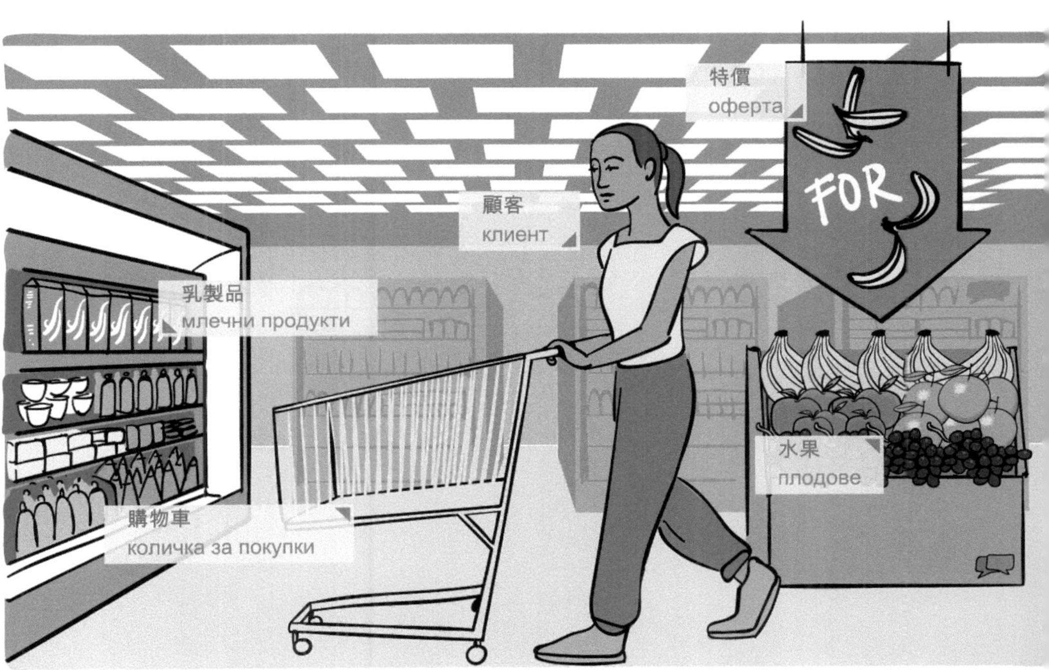

特價
оферта
FOR
顧客
клиент
乳製品
млечни продукти
水果
плодове
購物車
количка за покупки

BUTCHERS

肉鋪

кланица

BAKERY

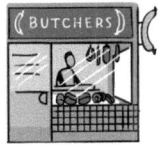

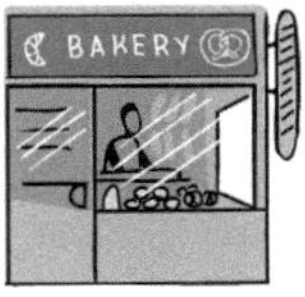

麵包店

хлебарница

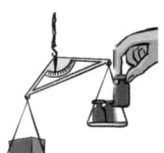

稱重

тегля

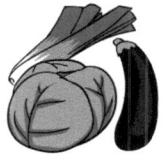

蔬菜

зеленчуци

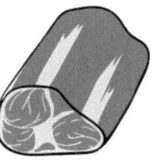

肉

месо

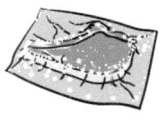

冷凍食品

дълбоко замразена храна

冷盤

нарязан колбас или
сирене

罐頭食品

консерви

洗衣粉

перилен препарат

甜食

лакомства

日用品

домакински изделия

清潔用品

почистващи препарати

銷售員

продавачка

收銀機

каса

收銀員

касиер

購物清單

списък на покупките

開放時間

работно време

錢包

портфейл

信用卡

кредитна карта

袋子

чанта

塑膠袋

пластмасова торба

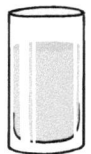

水

вода

果汁

сок

牛奶

мляко

可樂

кола

紅酒

вино

啤酒

бира

酒

алкохол

可可

какао

茶

чай

咖啡

кафе машина

義式濃縮咖啡

еспресо

卡布奇諾

капучино

香蕉

банан

蘋果

ябълка

柳丁

портокал

西瓜

пъпеш

檸檬

лимон

胡蘿蔔

морков

大蒜

чесън

竹子

бамбук

洋蔥

лук

蘑菇

гъба

堅果

ядки

麵條

макарони

義大利麵

спагети

米飯

ориз

沙拉

салата

薯條

пържени картофи

炸馬鈴薯

печени картофи

披薩餅

пица

漢堡

хамбургер

三明治

сандвич

炸豬排

шницел

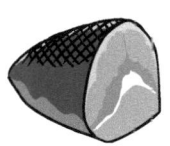

火腿

шунка

義大利臘腸

траен колбас

香腸

салам

雞肉

пиле

烤肉

печено

魚

риба

燕麥片

овесени ядки

木斯里

мюсли

玉米片

корнфлейкс

麵粉

брашно

牛角麵包

кроасан

麵包捲

хлебчета

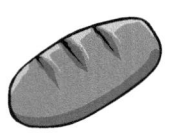

麵包

хляб

吐司

препечена филийка

餅乾

бисквити

奶油

масло

凝乳

извара

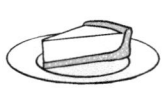

蛋糕

сладкиш

蛋

яйце

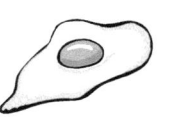

煎蛋

яйца на очи

起司

сирене

冰淇淋

сладолед

糖

захар

蜂蜜

мед

果醬

мармалад

巧克力醬

нуга крем

咖哩

къри

食物 - ядене

農場

селски двор

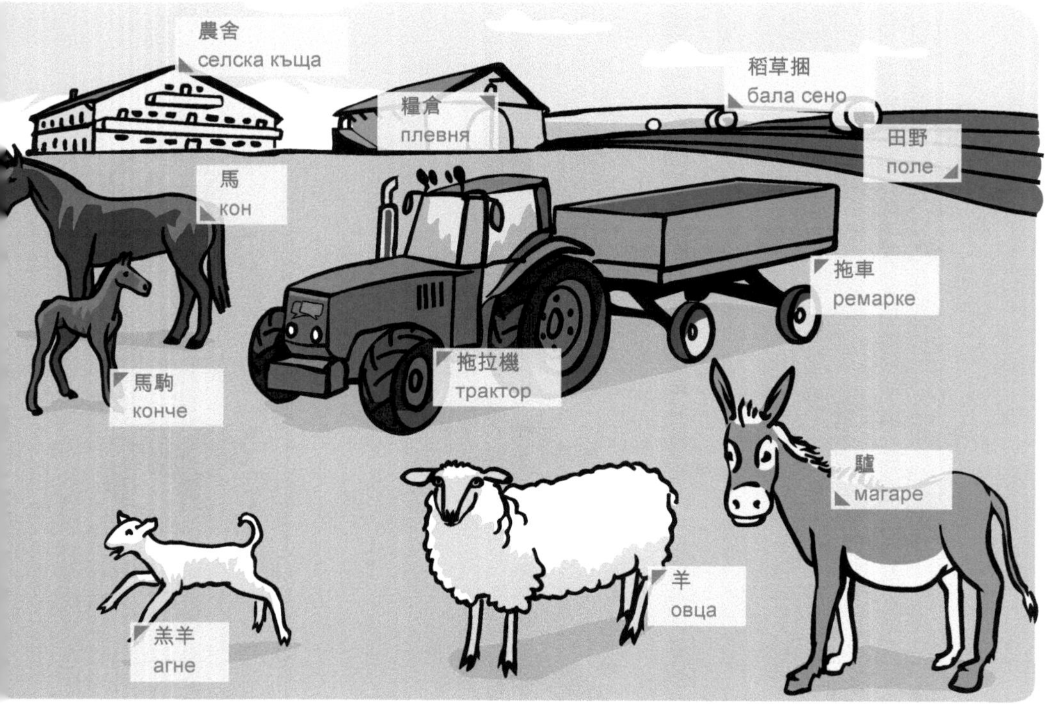
農舍
селска къща
稻草捆
бала сено
糧倉
плевня
田野
поле
馬
кон
拖車
ремарке
拖拉機
трактор
馬駒
конче
驢
магаре
羊
овца
羔羊
агне

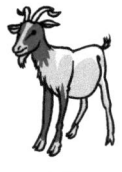

山羊

коза

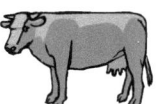

奶牛

крава

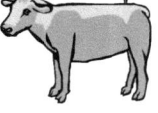

小牛

теле

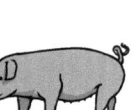

豬

свиня

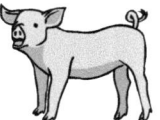

小豬

прасенце

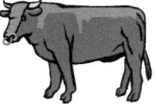

公牛

бик

鵝

гъска

鴨

патица

小雞

пиленце

母雞

кокошка

公雞

петел

鼠

плъх

貓

котка

老鼠

мишка

牛

вол

狗

куче

狗屋

кучешка колиба

花園澆水軟管

градински маркуч

澆水壺

лейка

長柄大鐮刀

коса

犁

плуг

鐮刀

сърп

鋤頭

мотика

長柄草耙

вила за тор

斧頭

брадва

獨輪手推車

ръчна количка

飼料槽

корито

牛奶罐

съд за мляко

麻布袋

чувал

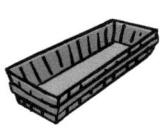

柵欄

ограда

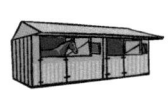

馬廄

обор

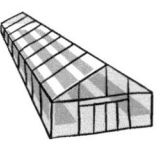

溫室

парник

土壤

земя

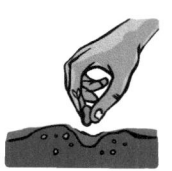

種子

сеитба

肥料

тор

聯合收割機

комбайн

收割

жъна

收割

реколта

地瓜

ямс

小麥

жито

大豆

соя

土豆

картоф

玉米

царевица

油菜籽

рапица

果樹

овощно дърво

樹薯

маниока

穀物

зърнени храни

房子

къща

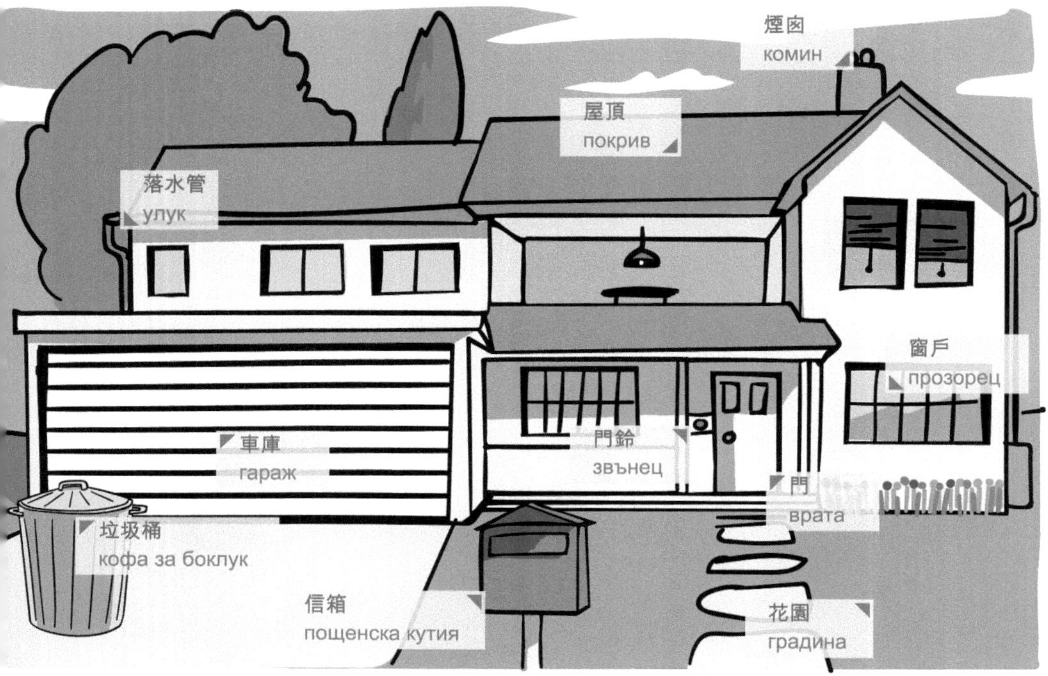
煙囪
комин
屋頂
покрив
落水管
улук
窗戶
прозорец
車庫
гараж
門鈴
звънец
門
врата
垃圾桶
кофа за боклук
信箱
пощенска кутия
花園
градина

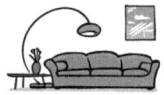

客廳

всекидневна

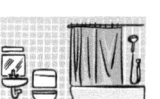

浴室

баня

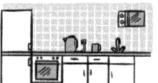

廚房

кухня

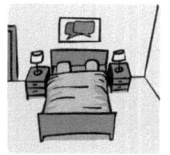

臥室

спалня

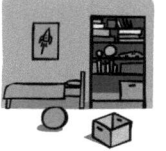

兒童房

детска стая

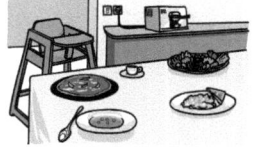

餐廳

трапезария

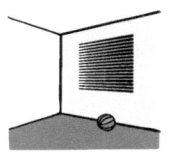

地板

под

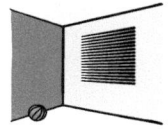

牆壁

стена

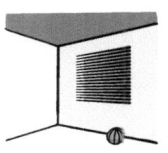

天花板

таван

地窖

изба

三溫暖

сауна

陽臺

балкон

露臺

тераса

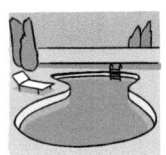

游泳池

плувен басейн

割草機

косачка

被單

спално бельо

床罩

покривка за легло

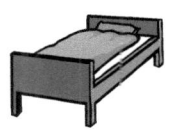

床

легло

掃帚

метла

水桶

кофа

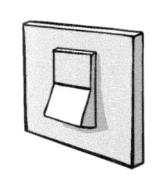

開關

електрически ключ

客廳

всекидневна

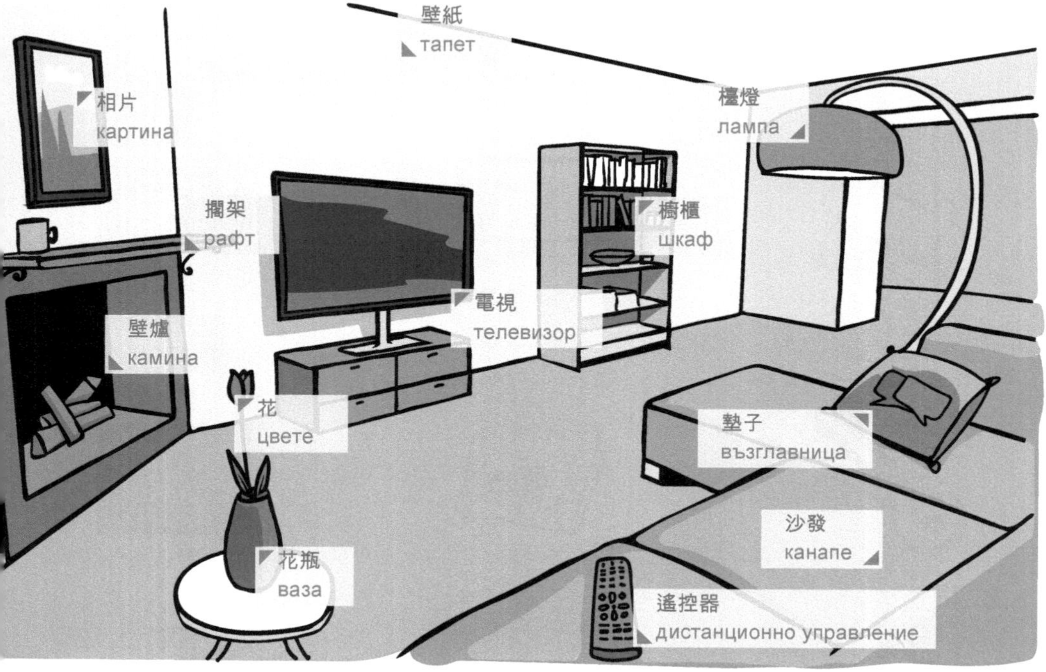

壁紙
тапет
相片
картина
檯燈
лампа
擱架
рафт
櫥櫃
шкаф
電視
телевизор
壁爐
камина
花
цвете
墊子
възглавница
沙發
канапе
花瓶
ваза
遙控器
дистанционно управление

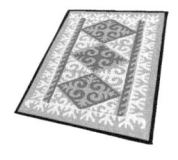

地毯

килим

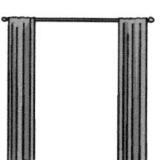

窗簾

завеса

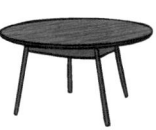

餐桌

маса

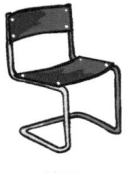

椅子

стол

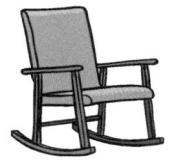

搖椅

люлеещ се стол

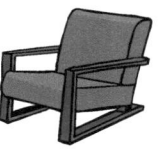

扶手椅

кресло

書

книга

毯子

одеяло

裝飾品

декорация

木柴

дърва за отопление

電影

филм

高傳真音響

стерео уредба

鑰匙

ключ

報紙

вестник

油畫

живопис

海報

постер

收音機

радио

筆記本

бележник

吸塵器

прахосмукачка

仙人掌

кактус

蠟燭

свеш

廚房

кухня

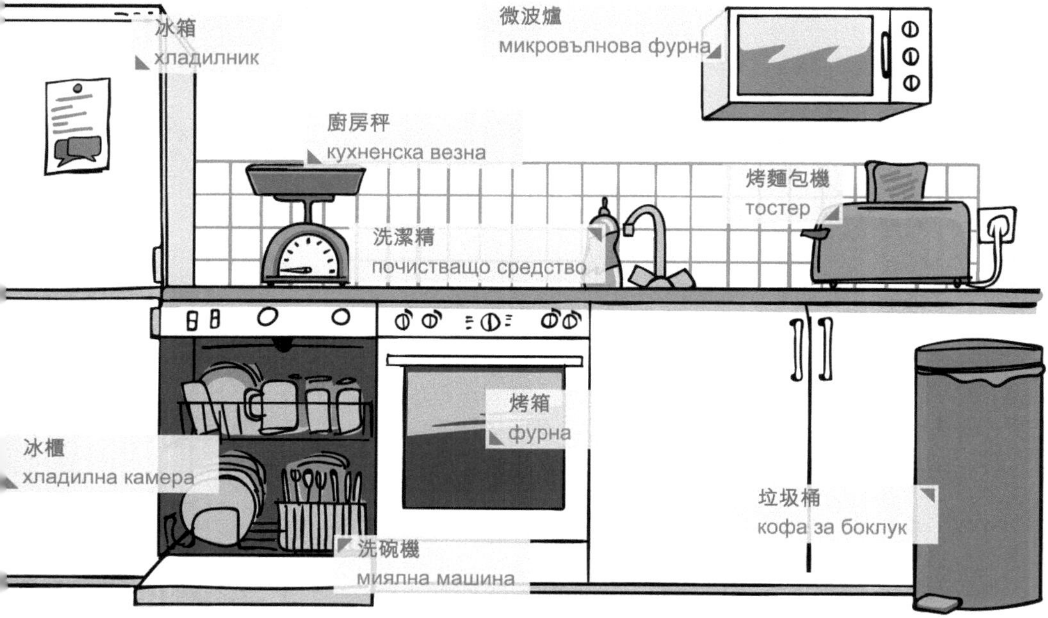

冰箱
хладилник
微波爐
микровълнова фурна
廚房秤
кухненска везна
烤麵包機
тостер
洗潔精
почистващо средство
烤箱
фурна
冰櫃
хладилна камера
垃圾桶
кофа за боклук
洗碗機
миялна машина

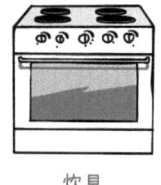

炊具

готварска печка

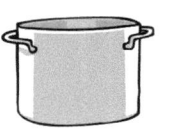

鍋

тенджера

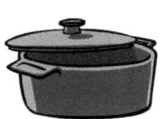

鑄鐵鍋

желязна тенджера

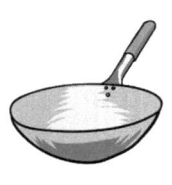

炒鍋

уок / кадаи

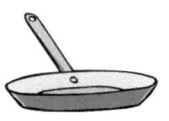

平底鍋

тиган

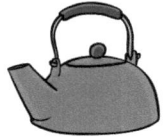

水壺

кана за затопляне на вода

蒸鍋

уред за готвене на пара

烤盤

тава за печене

陶瓷鍋

съдове

馬克杯

чаша

碗

купа

筷子

клечки за хранене

長柄勺

черпак

鏟子

лопатка за тиган

攪拌器

тел за разбиване (на яйца, белтъци)

濾網

кошница за варене

篩子

гевгир

磨碎機

ренде

研缽

хаван

燒烤

барбекю

明火

огнище

菜板

дъска

擀麵杖

точилка

開瓶器

тирбушон

罐子

кутия

開罐器

отварачка за консерви

隔熱手套

кухненска ръкохватка

水槽

мивка

刷子

четка

海綿

гъба

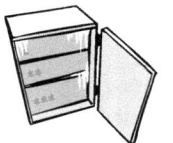

攪拌機

миксер

冷藏箱

фризер

奶瓶

бебешко шише

水龍頭

воден кран

浴室
баня

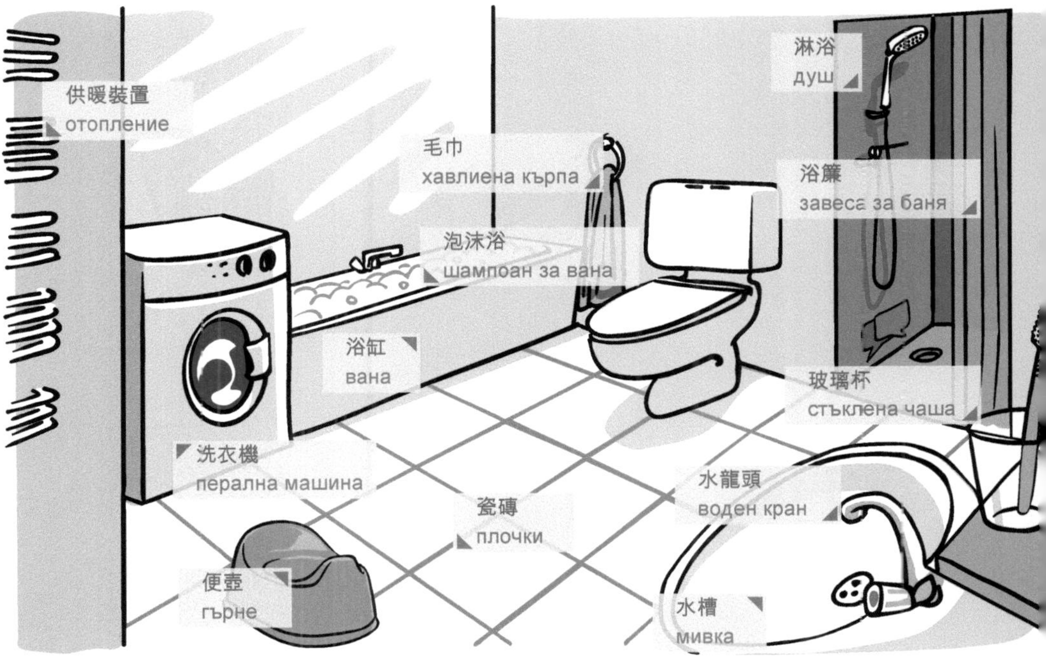

浴室
отопление

毛巾
хавлиена кърпа

泡沫浴
шампоан за вана

浴缸
вана

洗衣機
перална машина

便壺
гърне

瓷磚
плочки

淋浴
душ

浴簾
завеса за баня

玻璃杯
стъклена чаша

水龍頭
воден кран

水槽
мивка

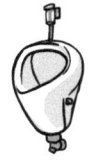
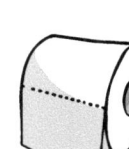

廁所

тоалетна

蹲便器

клекало

坐浴器

биде

小便斗

писоар

廁紙

тоалетна хартия

馬桶刷

четка за тоалетна

牙刷

четка за зъби

牙膏

паста за зъби

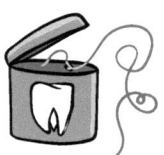

牙線

конец за зъби

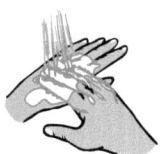

洗

мия

手持式蓮蓬頭

ръчен душ

沖洗器

интимен душ

洗臉盆

леген

洗背刷

четка за гръб

肥皂

сапун

沐浴露

душ гел

洗髮乳

шампоан за вана

法蘭絨

гъба за баня

排水

сифон

乳霜

крем

除臭劑

дезодорант

鏡子

огледало

手鏡

козметично огледало

刮鬍刀

ръчна самобръсначка

刮鬍泡沫

пяна за бръснэне

鬍後水

одеколон за след
бръснене

梳子

гребен

刷子

четка

吹風機

сешоар

噴髮定型劑

спрей за кэса

化妝品

грим

唇膏

червило

指甲油

лак за нокти

化妝棉

памук

指甲剪

ножица за нокти

香水

парфюм

洗漱包

тоалетна чантичка

凳子

табуретка

計重秤

везна

浴袍

хавлия

橡膠手套

домакински ръкавици

衛生棉條

тампон

衛生棉

дамски превръзки

化學廁所

химическа тоалетна

浴室 - баня

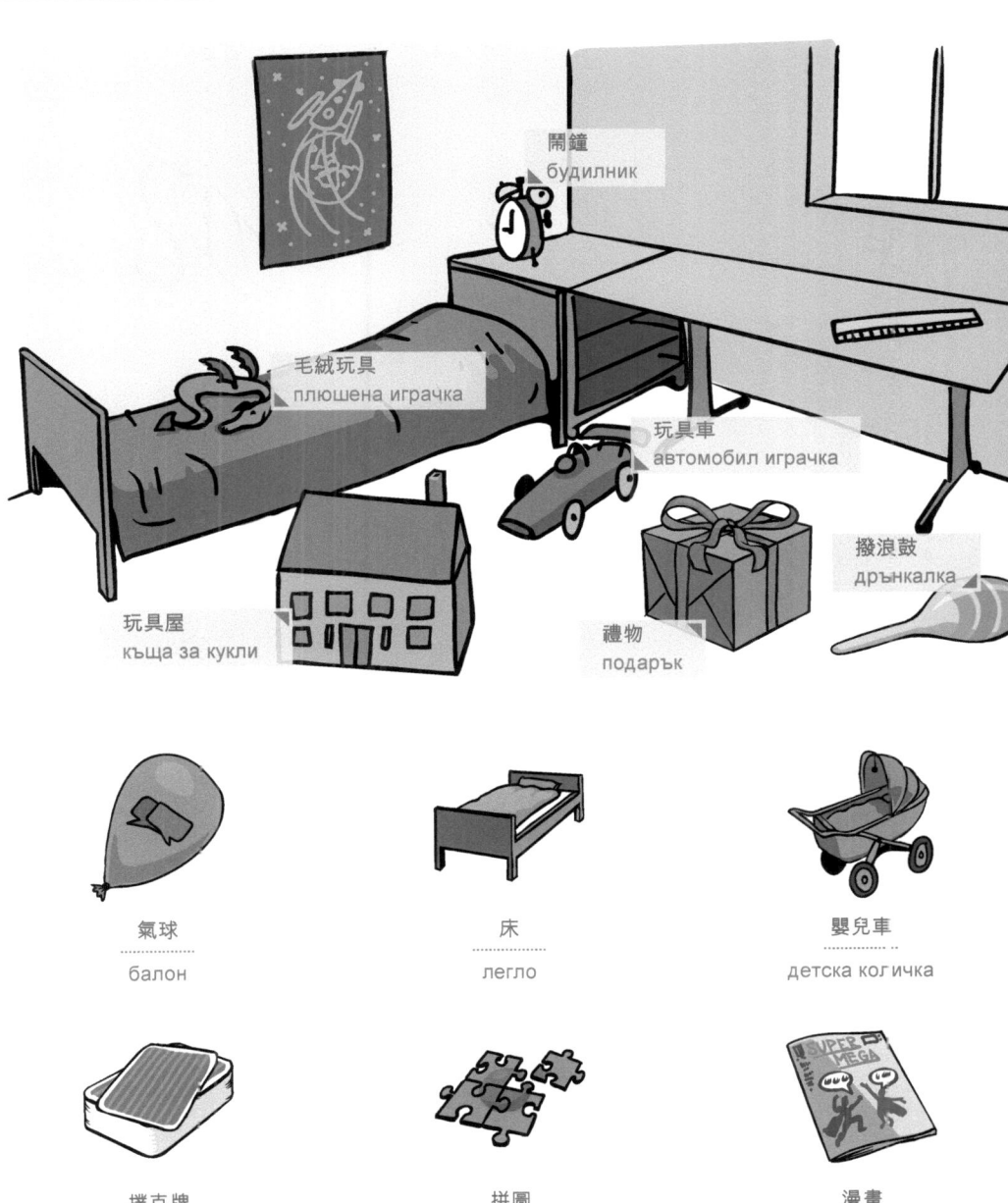

鬧鐘
будилник

毛絨玩具
плюшена играчка

玩具車
автомобил играчка

撥浪鼓
дрънкалка

玩具屋
къща за кукли

禮物
подарък

氣球
балон

床
легло

嬰兒車
детска количка

撲克牌
игра на карти

拼圖
пъзел

漫畫
комикс

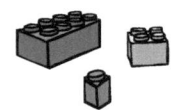

樂高積木

лего елементи

積木玩具

строителни елементи

公仔

екшън фигурка

嬰兒服

бебешки гащеризон

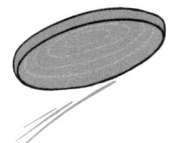

飛盤

фрисби

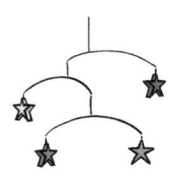

床鈴玩具

бебешки играчки за легло

棋盤遊戲

настолна игра

骰子

зарче

火車模型

миниатюрно влакче

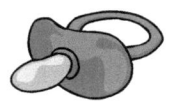

安撫奶嘴

биберон

派對

парти

繪本

детска книга с илюстрации

球

топка

洋娃娃

кукла

玩

играя

沙坑

пясъчник

鞦韆

люлка

玩具

играчка

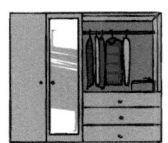

電玩遊戲

игрова конзола

三輪車

велосипед с три колелета

泰迪熊

плюшено мече

衣櫃

гардероб

衣服
облекло

襪子

къси чораги

長襪

дълги чорапи

緊身褲

чорапогацник

圍巾
шал

皮帶
колан

雨傘
чадър

T恤
Т-шърт

運動鞋
гуменки

靴子
ботуши

拖鞋
пантофи

涼鞋
сандали

鞋
обувки

雨靴
гумени ботуши

內褲
слип

胸罩
сутиен

背心
долна блуза

衣服 - облекло

45

身體

боди

褲子

панталон

牛仔褲

дънки

短裙

пола

女式襯衫

блуза

襯衫

риза

套頭衫

пуловер

連帽上衣

суичър

西裝夾克

блейзър

夾克

яке

外套

палто

雨衣

дъждобран

套裝

костюм

連衣裙

рокля

婚紗

булчинска рокля

西裝

костюм

睡袍

нощница

睡衣

пижама

莎麗

сари

頭巾

кърпа за глава

包頭巾

тюрбан

波卡

бурка

卡夫坦

кафтан

(阿拉伯式)長袍

абая

泳衣

бански костюм

男式泳褲

плувни шорти

短褲

къс панталон

運動服

анцуг

圍裙

престилка

手套

ръкавици

鈕扣

копче

眼鏡

очила

手鏈

гривна

項鍊

верижка

戒指

пръстен

耳環

обеца

便帽

каскет

衣架

закачалка

帽子

шапка

領帶

вратовръзка

拉鍊

цип

安全帽

каска

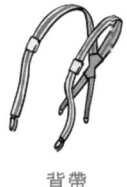

背帶

тиранти

校服

ученическа униформа

制服

униформа

圍兜

лигавник

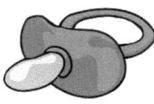

安撫奶嘴

биберон

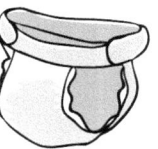

尿布

пелена

辦公室

офис

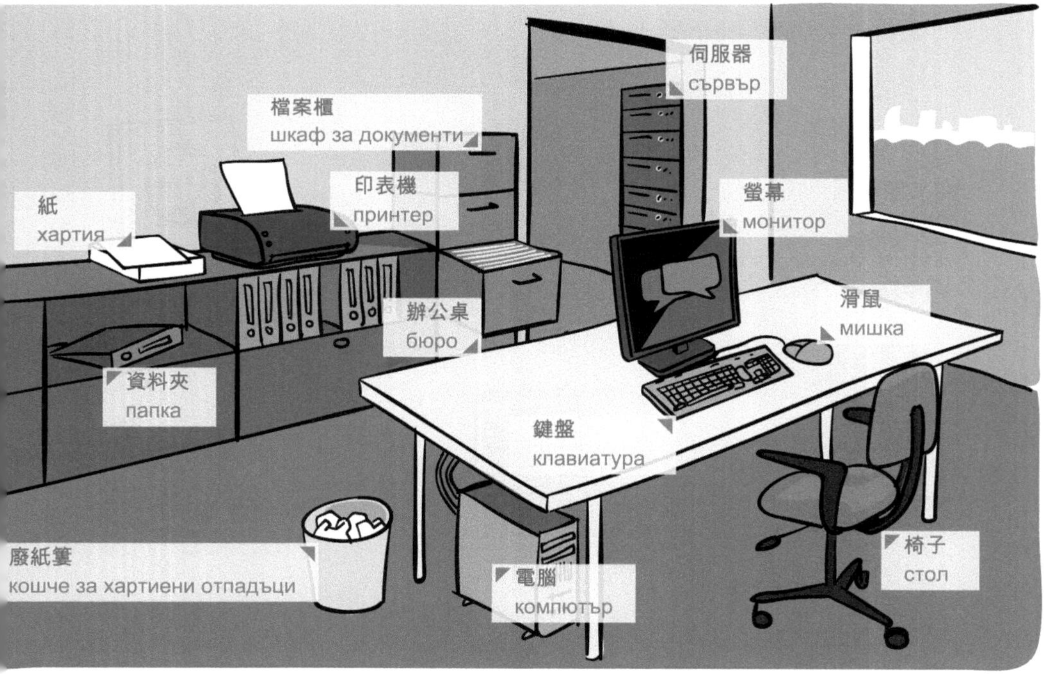

伺服器
сървър

檔案櫃
шкаф за документи

印表機
принтер

螢幕
монитор

紙
хартия

辦公桌
бюро

滑鼠
мишка

資料夾
папка

鍵盤
клавиатура

椅子
стол

廢紙簍
кошче за хартиени отпадъци

電腦
компютър

咖啡杯

чаша за кафе

計算機

джобен калкулатор

網際網路

интернет

辦公室 - офис 49

筆記型電腦
лаптоп

信件
писмо

簡訊
съобщение

行動電話
мобилен телефон

網路
мрежа

影印機
ксерокс

軟體
софтуер

電話
телефон

插座
контакт

傳真機
факс

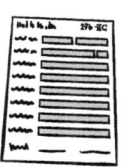

表格
формуляр

檔案
документ

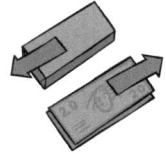

買

купувам

付錢

плащам

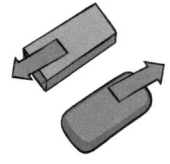

交易

търгувам

現金

пари

美元

долар

歐元

евро

日元

йена

盧布

рубла

瑞士法郎

швейцарски франк

人民幣

ренминби юан

盧比

рупия

提款處

банкомат

外幣兌換處

обменно бюро

金

злато

銀

сребро

石油

нефт

能源

енергия

價格

цена

合約

договор

稅金

данък

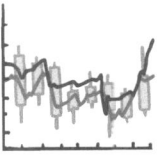

股票

акция

工作

работя

職員

служител

老闆

работодател

工廠

фабрика

商店

магазин за цветя

職業

професии

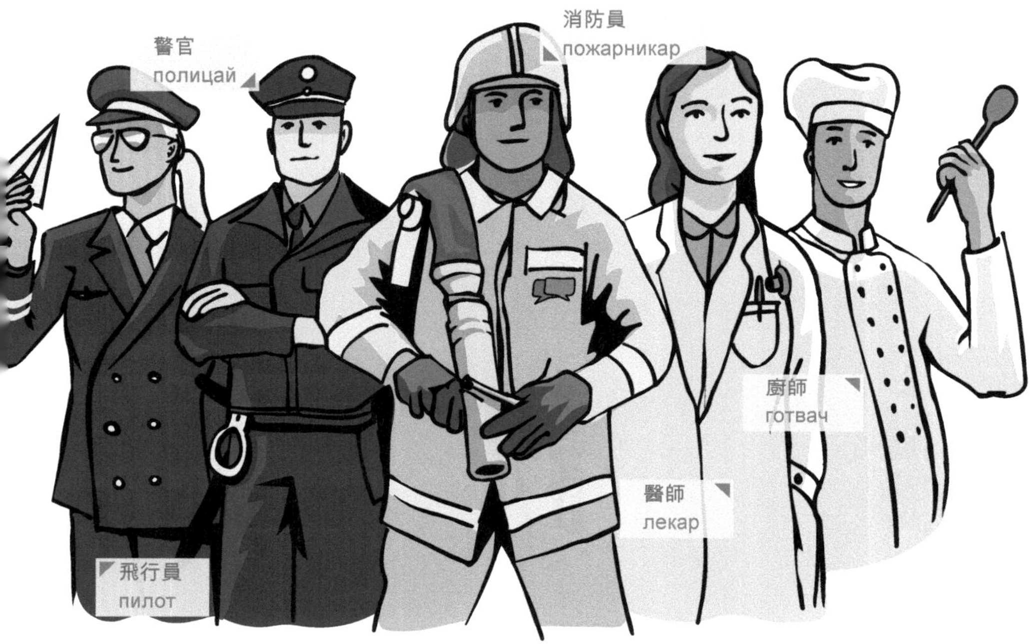

警官
полицай
消防員
пожарникар
廚師
готвач
醫師
лекар
飛行員
пилот

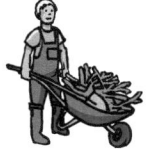

園丁

градинар

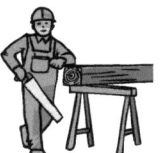

木匠

мебелист

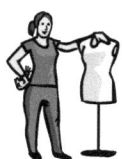

裁縫

шивачка

法官

съдия

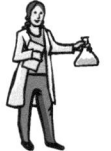

化學家

химик

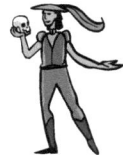

演員

артист

公車司機

шофьор на автобус

計程車司機

шофьор на такси

漁夫

рибар

清洗女工

чистачка

屋頂工

майстор на покриви

服務生

келнер

獵人

ловец

畫家

художник

麵包師

хлебар

電工

електротехчик

建築工人

строителен работник

工程師

инженер

屠夫

касапин

水管工

тенекеджия

郵差

пощальон

職業 - професии

士兵

войник

建築師

архитект

收銀員

касиер

花農

цветар

理髮師

фризьор

售票員

кондуктор

機械技師

механик

船長

капитан

牙醫

зъболекар

科學家

научен работник

拉比

равин

伊瑪目

имàм

和尚

монах

牧師

свещеник

工具
инструменти

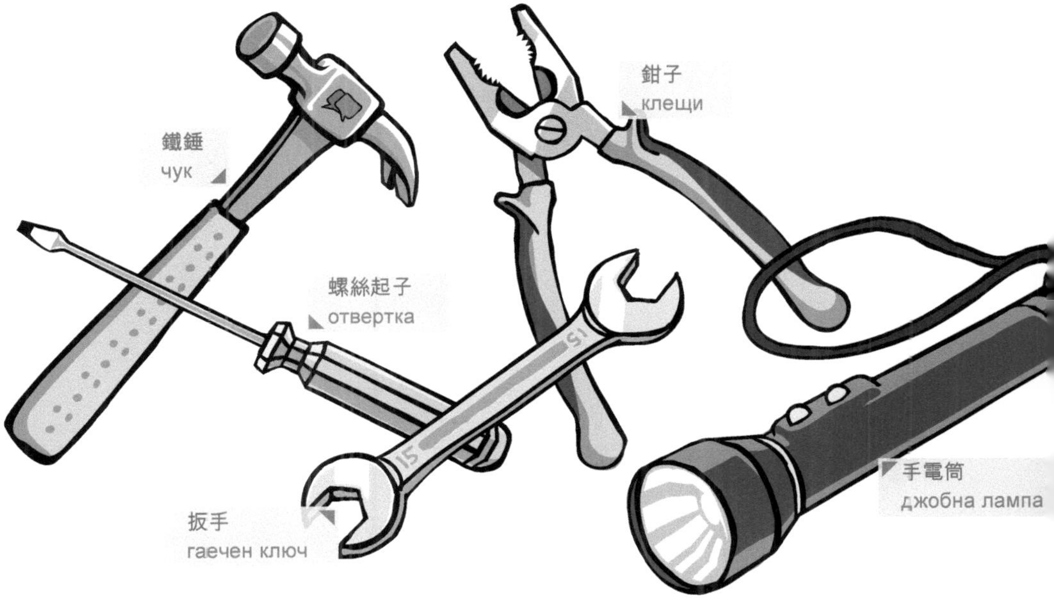
鐵鎚
чук
鉗子
клещи
螺絲起子
отвертка
手電筒
джобна лампа
扳手
гаечен ключ

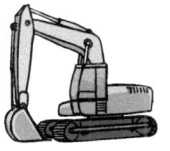

挖掘機
багер

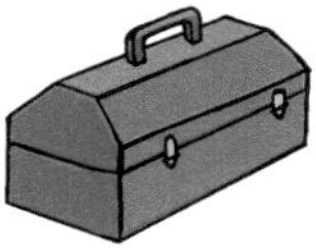
工具箱
кутия за инструменти

梯子
стълба

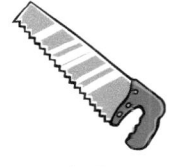

鋸子
трион

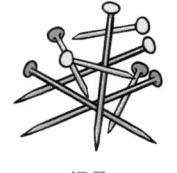

釘子
пирони

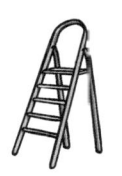

鑽機
бормашина

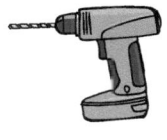

修
ремонтирам

鏟子
лопата

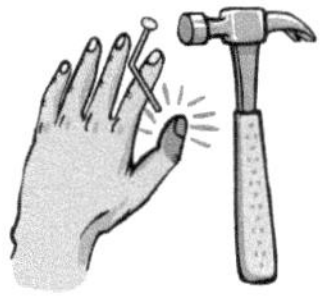

糟糕！
По дяволите!

畚箕
лопатка за смет

油漆桶
кутия за боя

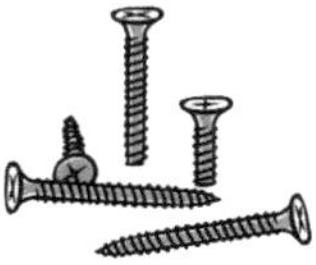

螺絲
болтове

樂器

музикални инструменти

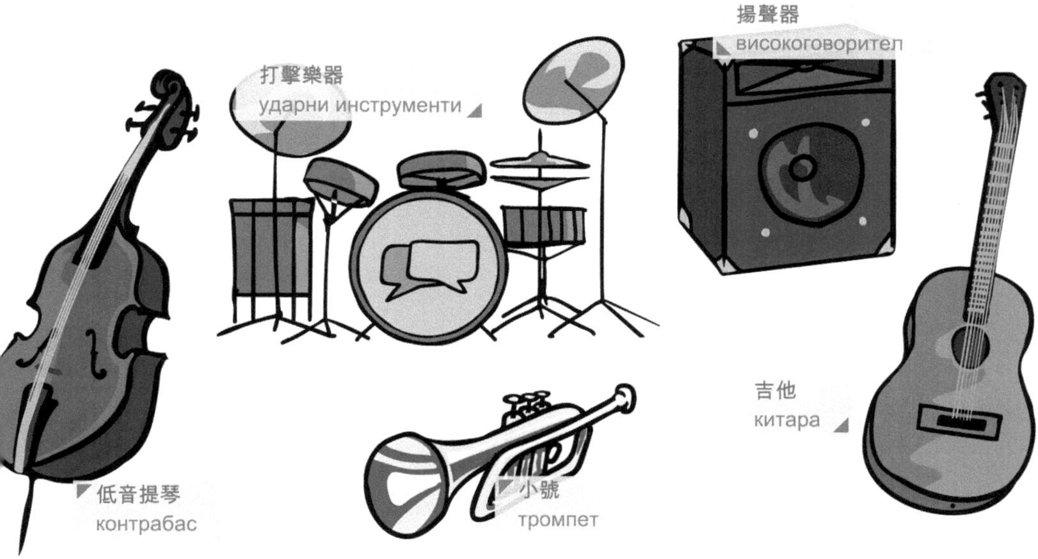

打擊樂器
ударни инструменти

揚聲器
високоговорител

吉他
китара

低音提琴
контрабас

小號
тромпет

鋼琴

пиано

小提琴

виолина

貝斯

контрабɛс

定音鼓

тимпан

鼓

барабан

電子琴

електрическо пиано

薩克斯風

саксофон

長笛

флейта

麥克風

микрофон

動物園

зоологическа градина

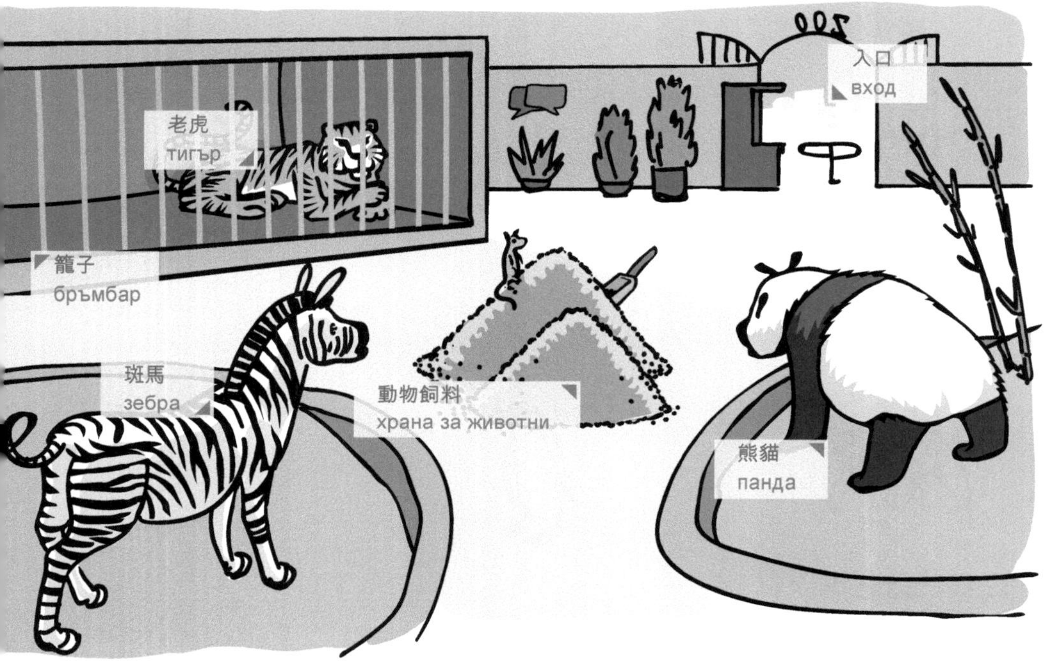

ZOO
入口
вход
老虎
тигър
籠子
бръмбар
斑馬
зебра
動物飼料
храна за животни
熊貓
панда

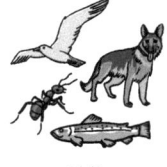

動物

животни

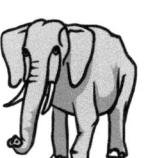

大象

слон

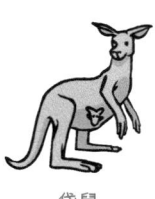

袋鼠

кенгуру

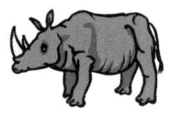

犀牛

носорог

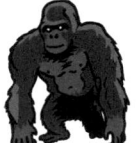

大猩猩

горила

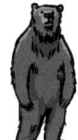

熊

мечка

駱駝

камила

鴕鳥

щраус

獅子

лъв

猴子

маймуна

紅鶴

фламинго

鸚鵡

папагал

北極熊

бяла мечка

企鵝

пингвин

鯊魚

акула

孔雀

паун

蛇

змия

鱷魚

крокодил

動物園管理員

пазач в зоологическа
градина

海豹

тюлен

美洲豹

ягуар

矮種馬

пони

豹

леопард

河馬

хипопотам

長頸鹿

жираф

老鷹

орел

野豬

диво прасе

魚

риба

龜

костенурка

海象

морж

狐狸

лисица

羚羊

газела

動物園 - зоологическа градина

橄欖球
американски футбол

騎腳踏車
колоездене

網球
тенис

籃球
баскетбол

游泳
плуване

拳擊
бокс

冰球
хокей на лед

美式足球
футбол

羽毛球
бадминтон

田徑
лека атлетика

手球
хандбал

滑雪
ски бягане

馬球
поло

笑
смея се

跳
скачам

擁抱
прегръщам

走路
вървя

唱
пея

做夢
сънувам

祈禱
моля се

親吻
целувам

書寫
пиша

畫
рисувам

展示
показвам

推
бутам

給
давам

拿
взимам

有

имам

做

правя

當

съм

站

стоя

跑

тичам

拉

дърпам

丟

хвърлям

摔倒

падам

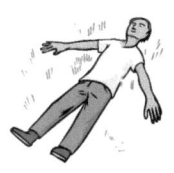

躺

лежа

等待

чакам

攜帶

нося

坐

седя

穿衣

обличам

睡覺

спя

醒來

събуждам се

活動 - дейности

看

разглеждам

哭

плача

擊

милвам

梳頭

реша се

交談

говоря

明白

разбирам

問

питам

聽

слушам

喝

пия

吃

ям

清理

разтребвам

愛

обичам

做飯

готвя

開車

карам автомобил

飛

летя

活動 - дейности

航行

плавам (с платна)

計算

смятане

讀

чета

學習

уча

工作

работя

結婚

женя се

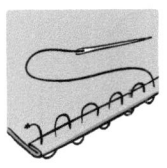

縫

шия

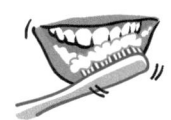

刷牙

измивам си зъбите

殺

убивам

抽菸

пуша

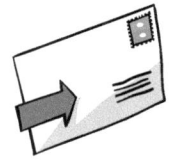

寄

изпращам

家

семейство

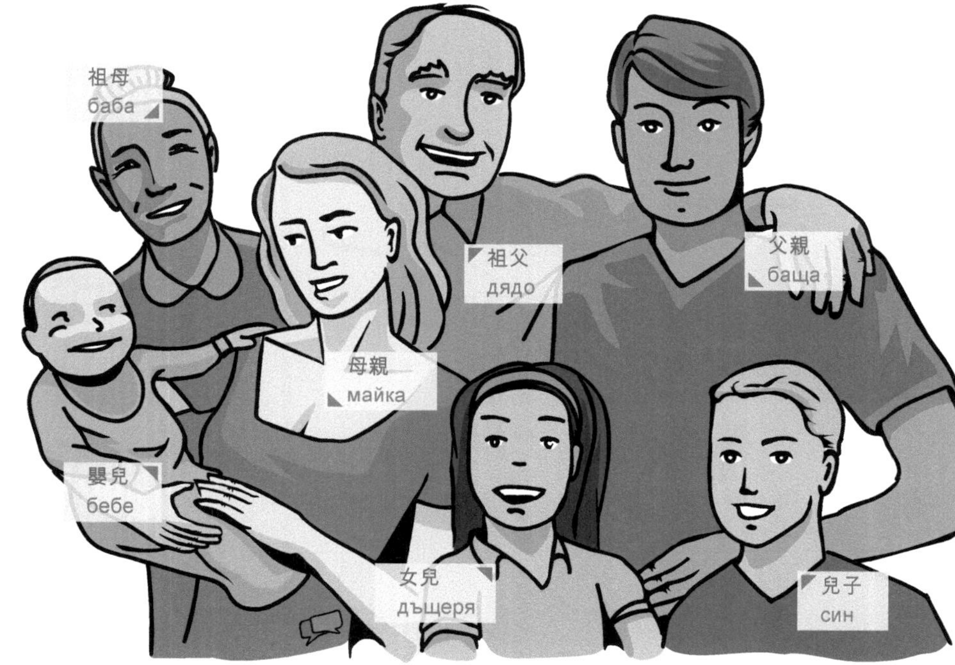

祖母
баба
祖父
дядо
父親
баща
母親
майка
嬰兒
бебе
女兒
дъщеря
兒子
син

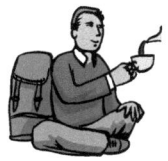

客人

посетител

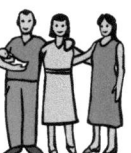

阿姨

леля

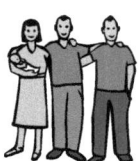

叔叔

чичо

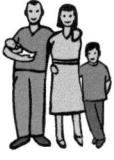

兄弟

брат

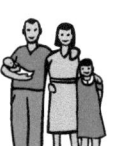

姐妹

сестра

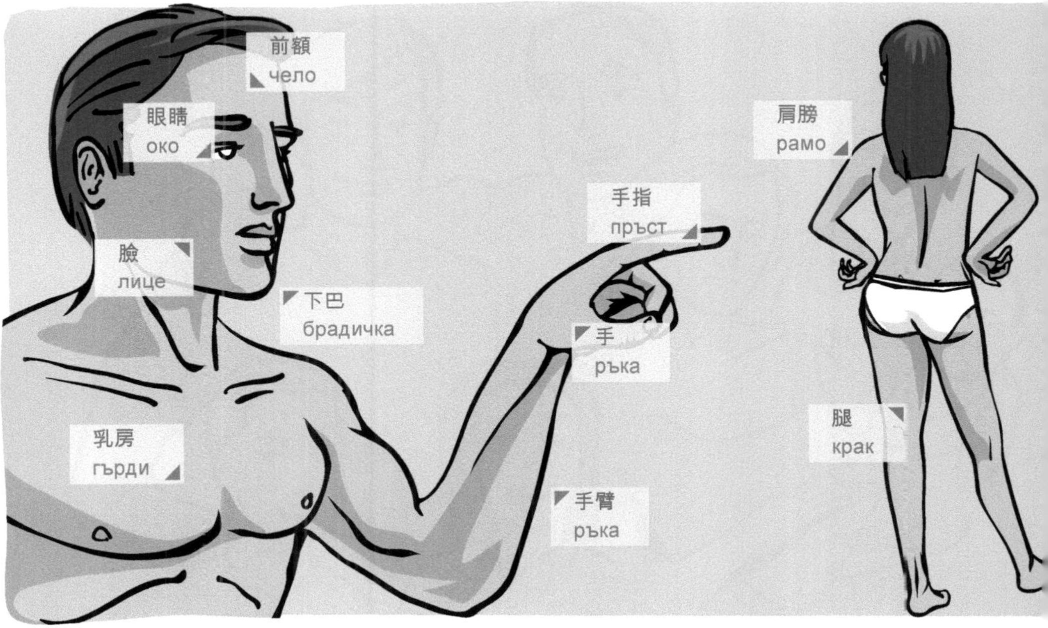

前額
чело

眼睛
око

肩膀
рамо

手指
пръст

臉
лице

下巴
брадичка

手
ръка

乳房
гърди

腿
крак

手臂
ръка

嬰兒
бебе

男人
мъж

女人
жена

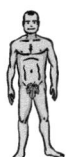

女孩
момиче

男孩
момче

頭
глава

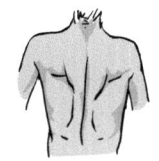

背部

гръб

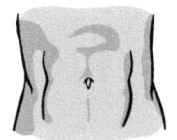

肚子

корем

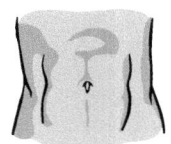

肚臍

пъп

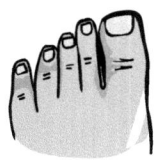

腳趾

пръст на крака

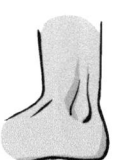

腳後跟

пета

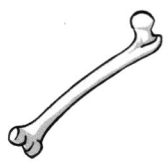

骨頭

кост

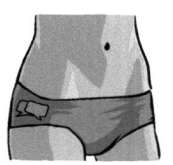

臀部

хълбок

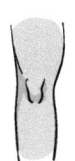

膝蓋

коляно

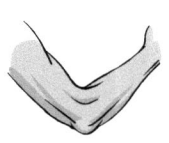

手肘

лакът

鼻子

нос

屁股

седалище

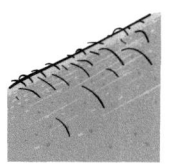

皮膚

кожа

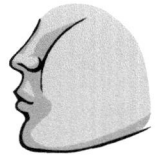

臉頰

буза

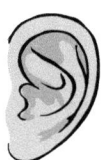

耳朵

ухо

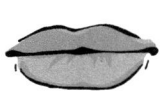

嘴唇

устна

身體 - тяло

嘴

уста

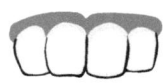

牙齒

зъб

舌頭

език

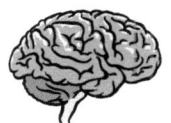

腦

мозък

心臟

сърце

肌肉

мускул

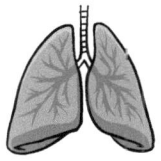

肺

бял дроб

肝臟

черен дроб

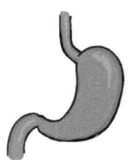

胃

стомах

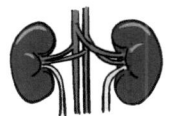

腎臟

бъбреци

性交

полово сношение

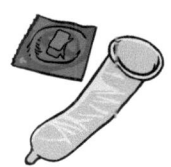

保險套

кондом

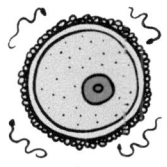

卵子

яйцеклетка

精子

сперма

懷孕

бременност

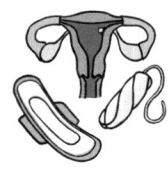

月事

менструация

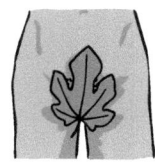

陰道

вагина

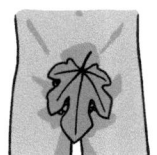

陰莖

пенис

眉毛

вежда

頭髮

коса

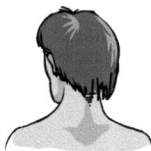

脖子

шия

身體 - тяло

醫院
болница

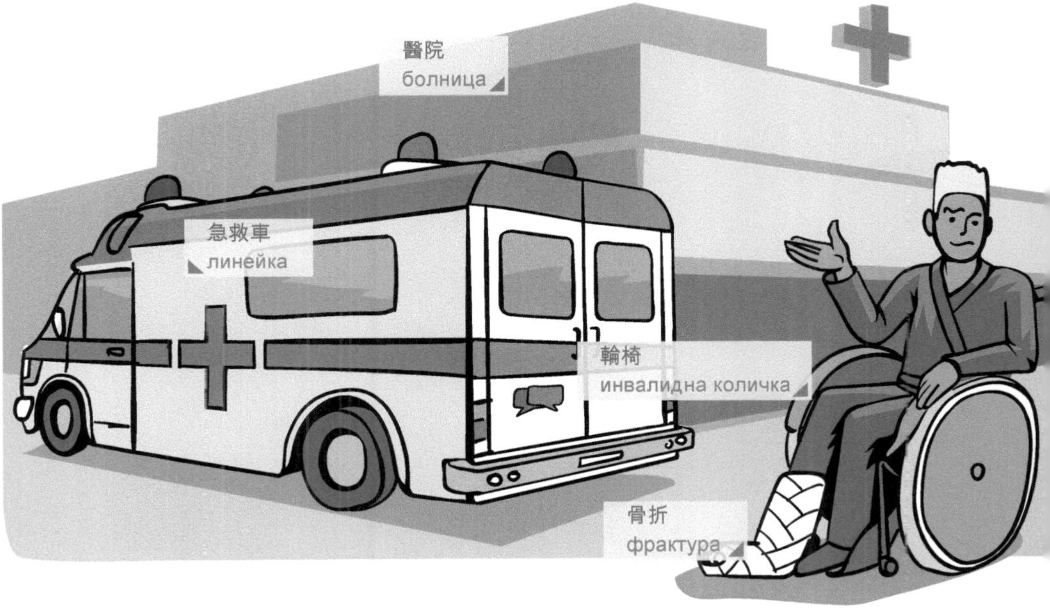

醫院
болница
急救車
линейка
輪椅
инвалидна количка
骨折
фрактура

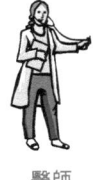

醫師
лекар

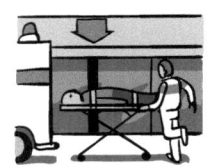

急診室
спешна хоспитализация

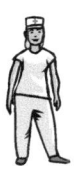

護理師
медицинска сестра

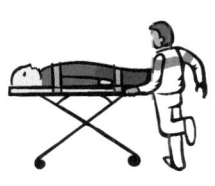

緊急情形
спешен случай

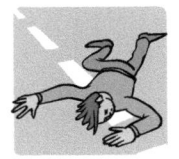

昏迷
в безсъзнание

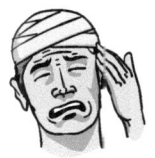

痛
болка

受傷

нараняване

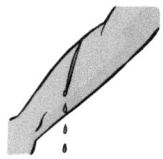

出血

кървене

心臟病發作

инфаркт

中風

инсулт

過敏

алергия

咳嗽

кашлица

發燒

температура

流感

грип

腹瀉

диария

頭痛

главоболие

癌症

рак

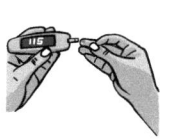

糖尿病

диабет

外科醫師

хирург

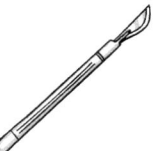

手術刀

скалпел

手術

операция

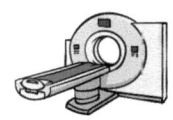

電腦斷層掃描

компютърна томсграфия

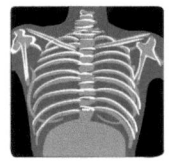

X光

рентген

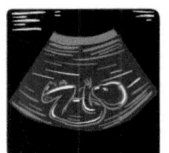

超音波

ултразвук

口罩

маска

疾病

болест

候診室

чакалня

拐杖

патерица

石膏

пластир

繃帶

превръзка

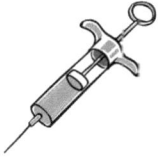

注射

инжекция

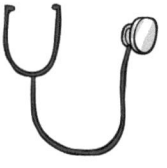

聽診器

стетоскоп

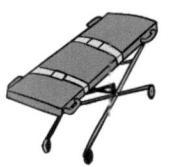

擔架

носилка

體溫計

термометър

出生

раждане

超重

наднормено тегло

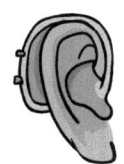

助聽器

слухов апарат

消毒液

дезинфекционно средство

感染

инфекция

病毒

вирус

愛滋病

HIV / AIDS

藥物

медицина

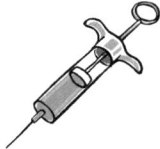

接種疫苗

ваксинация

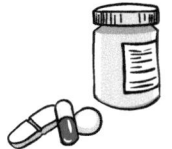

藥片

таблети

藥丸

противозачатъчна таблетка

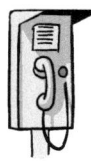

急救電話

спешно телефонно обаждане

血壓計

апарат за измерване на кръвното налягане

生病/健康

болен / здрав

救命！

Помощ!

警報

сигнал за тревога

突擊

нападение

攻擊

атака

危險

опасност

緊急出口

авариен изход

失火了！

Пожар!

滅火器

пожарогасител

意外

злополука

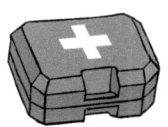

急救箱

комплект за оказване на
първа помощ

呼救訊號

SOS

員警

полиция

歐洲

Европа

北美洲

Северна Америка

南美洲

Южна Америка

非洲

Африка

亞洲

Азия

澳洲

Австралия

大西洋

Атлантически океан

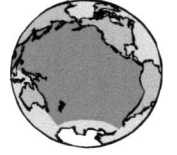

太平洋

Тихи океан

印度洋

Индийски океан

南冰洋

Южен ледовит океан

北冰洋

Северен ледовит океан

北極

Северен полюс

南極

Южен полюс

南極洲

Антарктида

地球

Земя

陸地

суша

海

море

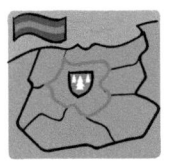

島

остров

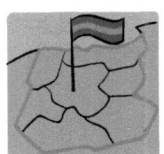

國家

нация

州

държава

錶盤

циферблат

時針

стрелка на часовете

分針

стрелка на минутите

秒針

стрелка на секундите

現在幾點？

Колко е часът?

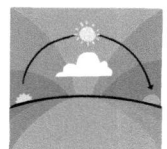

天

ден

時間

време

現在

сега

電子錶

дигитален часовник

分

минута

時

час

седмица

週一
понеделник

週三
сряда

週五
петък

週二
вторник

週四
четвъртък

週六
събота

週日
неделя

昨天

вчера

今天

днес

明天

утре

早晨

сутрин

中午

обед

晚上

вечер

工作日

работни дни

週末

уикенд

雨
▶ дъжд

彩虹
▶ дъга

風
▶ вятър

雪
▶ сняг

春
пролет

夏
лято

秋
есен

冬
зима

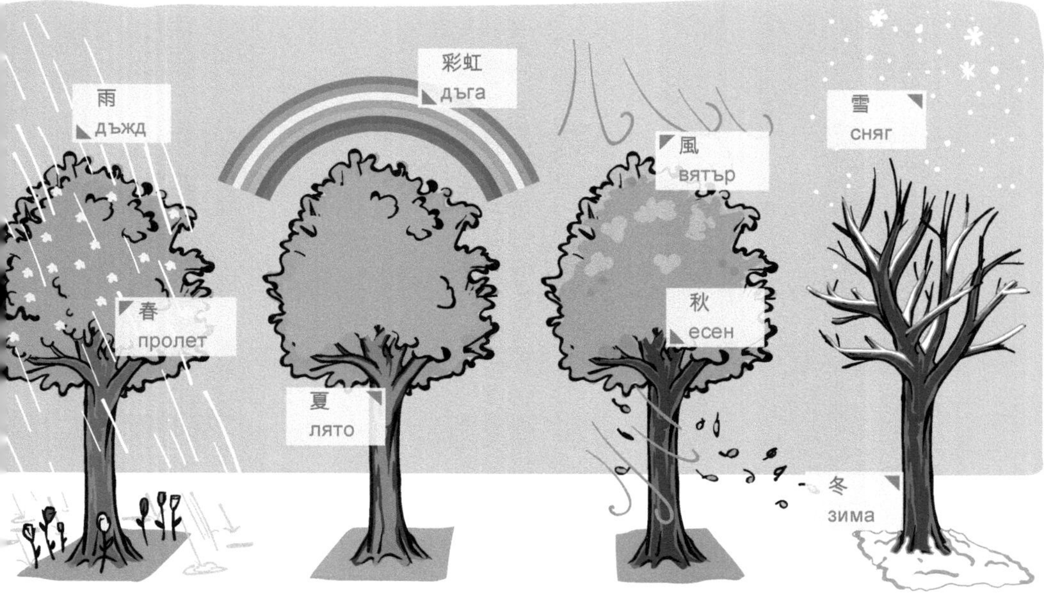

天氣預告

прогноза за времето

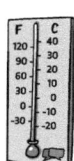

溫度計

термометър

陽光

слънчева светлина

雲

облак

霧

мъгла

潮濕

влажност на въздуха

閃電

светкавица

打雷

гръмотевица

風暴

буря

冰雹

градушка

季風

мусон

洪水

наводнение

冰

лед

一月

януари

二月

февруари

三月

март

四月

април

五月

май

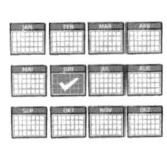

六月

юни

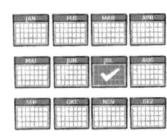

七月

юли

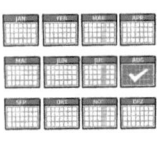

八月

август

年 - година

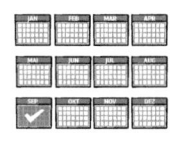

九月

септември

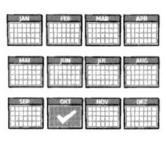

十月

октомври

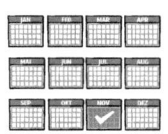

十一月

ноември

十二月

декември

形狀

форми

圓形

кръг

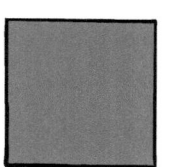

正方形

квадрат

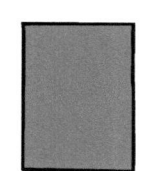

長方形

четириъгълник

三角形

триъгълник

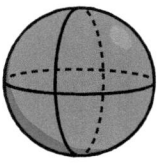

球體

сфера

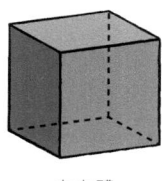

立方體

куб

白

бял

黃

жълт

橙

оранжев

粉

розов

紅

червен

紫

лилав

藍

син

綠

зелен

棕

кафяв

灰

сив

黑

черен

很多/少許

много / малко

生氣/平靜

ядосан / спокоен

美/醜

красив / грозен

首/尾

начало / край

大/小

голям / малък

明/暗

светъл / тъмен

兄弟/姐妹

брат / сестра

乾淨/骯髒

чист / мръсен

完整/缺失

пълен / непълен

白天/晚上

ден / нощ

死/生

мъртъв / жив

寬/窄

широк / тесен

可食用/非食用

ядлив / неядлив

邪惡/善良

сърдит / любезен

興奮/無聊

развълнуван / скучаещ

胖/瘦

дебел / тънък

第一/最後

най-напред / най-накрая

朋友/敵人

приятел / враг

滿/空

пълен / празен

硬/軟

твърд / мек

重/輕

тежък / лек

餓/渴

глад / жажда

生病/健康

болен / здрав

非法/合法

нелегален / легален

聰明/愚笨

интелигентен / глупав

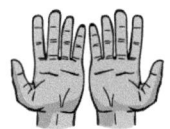

左/右

ляво / дясно

近/遠

близо / далече

新/舊

нов / употребяван

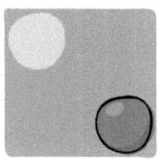

沒有/有些

нищо / нещо

老/幼

стар / млад

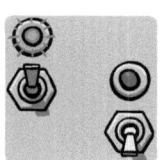

開/關

вкл. / изкл.

打開/闔上

отворен / затворен

安靜/吵鬧

тих / силен (звук)

富/窮

богат / беден

對/錯

правилен / погрешен

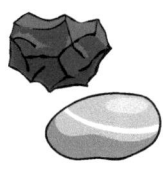

粗糙/光滑

грапав / гладък

傷心/高興

тъжен / щастлив

短/長

дълъг / къс

慢/快

бавен / бърз

濕/乾

мокър / сух

溫暖/涼爽

топъл / студен

戰爭/和平

война / мир

反義詞 - противоположности

0

零
....
нула

1

一
....
едно

2

二
....
две

3

三
....
три

4

四
....
четири

5

五
....
пет

6

六
....
шест

7

七
....
седем

8

八
....
осем

9

九
....
девет

10

十
....
десет

11

十一
....
единадесет

12

十二

дванадесет

13

十三

тринадесет

14

十四

четиринадесет

15

十五

петнадесет

16

十六

шестнадесет

17

十七

седемнадесет

18

十八

осемнадесет

19

十九

деветнадесет

20

二十

двадесет

100

百

сто

1.000

千

хиляда

1.000.000

百萬

милион

數字 - числа

英語
....
английски

美式英語
....
американски английски

普通話
....
китайски мандарин

印地語
....
хинди

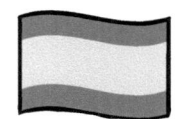

西班牙語
....
испански

法語
....
френски

阿拉伯語
....
арабски

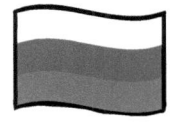

俄語
....
руски

葡萄牙語
....
португалски

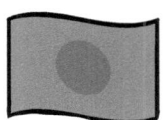

孟加拉語
....
бенгалски

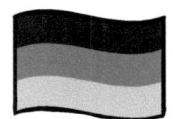

德語
....
немски

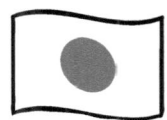

日語
....
японски

我
аз

你
ти

他/她/它
той / тя / то

我們
ние

你們
вие

他們
те

誰？
кой?

什麼？
какво?

如何？
как?

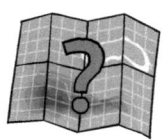

何處？
къде?

何時？
кога?

名字
име

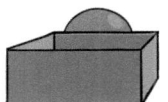

後面

зад

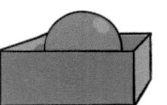

裡面

в

前面

пред

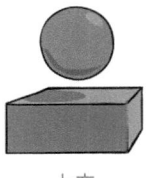

上方

над

上面

върху

下麵

под

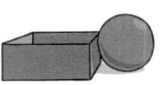

旁邊

до

中間

между

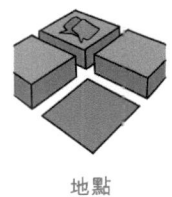

地點

място